ANTES QUE
EU ME ESQUEÇA

Dr. Leandro Teles

ANTES QUE EU ME ESQUEÇA

Técnicas, hábitos e dicas para afiar a mente e aperfeiçoar a memória

Copyright © 2016 Leandro Teles
Copyright © 2016 Editora Alaúde

Todos os direitos reservados. Nenhuma parte desta edição pode ser utilizada ou reproduzida – em qualquer meio ou forma, seja mecânico ou eletrônico –, nem apropriada ou estocada em sistema de banco de dados sem a expressa autorização da editora.

Este livro é uma obra de consulta e esclarecimento. As informações aqui contidas têm o objetivo de complementar, e não substituir, os tratamentos ou cuidados médicos. Elas não devem ser usadas para tratar doenças graves ou solucionar problemas de saúde sem a prévia consulta a um médico ou a um nutricionista. Uma vez que mudar hábitos envolve certos riscos, nem o autor nem a editora podem ser responsabilizados por quaisquer efeitos adversos ou consequências da aplicação do conteúdo deste livro sem orientação profissional.

O texto deste livro foi fixado conforme o acordo ortográfico vigente no Brasil desde 1º de janeiro de 2009.

Preparação: Raquel Nakasone
Revisão: Dan Duplat, Rosi Ribeiro Melo
Capa: Luiz Morikio
Ilustração de capa: Sumkinn/ShutterStock.com

1ª edição 2016 (5 reimpressões)

Dados Internacionais de Catalogação na Publicação (CIP)
(Câmara Brasileira do Livro, SP, Brasil)

Teles, Leandro
　　Antes que eu me esqueça : técnicas, hábitos e dicas para afiar a mente e aperfeiçoar a memória / Leandro Teles. -- São Paulo : Alaúde Editorial, 2016.

　　ISBN 978-85-7881-384-0

　　1. Memória - Treinamento 2. Memória - Treinamento - Técnicas I. Título.

16-07161　　　　　　　　　　　　　　　　　　　　　　　　CDD-153.14

Índices para catálogo sistemático:
1. Memória : Treinamento : Psicologia 153.14
2. Memorização : Técnicas : Psicologia 153.14

2021
Alaúde Editorial Ltda.
Avenida Paulista, 1337, conjunto 11
São Paulo, SP, 01311-200
Tel.: (11) 3146-9700
www.alaude.com.br
blog.alaude.com.br

SUMÁRIO

Introdução 7

O processo de memorização 31
A percepção da vivência e a atenção 53
Fixando a informação 103
Aprendendo a estudar... 155
Os tipos de memória 181
Envelhecimento normal e patológico..................... 197
Situações especiais 215
Considerações finais 239

Agradecimentos.. 243
Sobre o autor.. 245

INTRODUÇÃO

A memorização é uma das mais nobres e complexas funções do cérebro humano. É muito difícil imaginar nossa vida, como a concebemos atualmente, sem o pleno desenvolvimento dessa modalidade intelectual. A memória é a cola do tempo, é o que dá sentido às situações vigentes e à busca contínua pelo momento perfeito. Sem ela, seríamos um organismo de comportamentos reflexos e prazeres efêmeros, e não aprenderíamos nem amadureceríamos. Ou seja, a vida perderia grande parte do sentido. A memória é o substrato neurológico do conceito de tempo, delimitando passado, presente e futuro. Ela nos dá a percepção de continuidade, contexto e prognóstico, auxiliando-nos a tecer redes de lembranças que definem nossa biografia e nosso arsenal individual de vivências, formando uma composição única e complexa de experiências.

Nossas recordações são nosso principal patrimônio. Feliz daquele que passou a vida se abastecendo de boas lembranças, pois esse processo custa caro. Biologicamente, a evolução reservou uma importante parcela do nosso sistema nervoso para a nobre arte de imortalizar momentos, de marcar como uma espécie de cicatriz neuronal as imagens, sons, pessoas, números e histórias que carregamos por anos, décadas ou por uma vida inteira. Estruturas robustas e bilaterais e milhares de neurônios trabalham a todo vapor para registrar conceitos, sensações, impressões e emoções, criando condições para que o organismo consiga viajar no tempo e trazer à tona o passado, a vivência pregressa, de forma organizada, rápida e eficiente. Mas, como todo processo complexo, esse sistema é recheado de falhas, *bugs*, oscilação de desempenho e caprichos.

Neste livro, iremos destrinchar, de maneira simples e objetiva, os percalços da memorização: os pontos críticos, os fatores modificáveis e não modificáveis, os ruídos, as curiosidades etc. O intuito é fazermos um passeio sem compromisso, sem excesso de termos técnicos e sem a correção engessada da ciência, que seja democrático e acessível a todos. Ao final, quero um leitor mais informado, mas, paradoxalmente, com mais dúvidas, mais curioso, que compartilhe comigo (ao menos em parte) o fascínio do tema que motivou esse nosso encontro. A ideia é promover uma mudança de postura e atitude frente à memorização, de dentro para fora.

Engana-se quem pensa que ter uma boa memória é lembrar mais coisas! A boa memória é a memória direcionada, que consegue separar o *joio do trigo*, que esquece o irrelevante e fixa o relevante, que se aloca organizada, precisa e acessível para a evocação. A memória é um conceito abrangente de gerenciamento de informação, tempo da necessidade, limiar de evocação, ajuste de gatilhos, ritmo de vida, controle de ruídos, verossimilhança com a realidade, enfim, sua melhoria envolve mais questões qualitativas do que quantitativas.

Outro aspecto importante que iremos tratar de forma recorrente nos próximos capítulos é a ligação entre a memória e as emoções, e como esses dois sistemas se entrelaçam continuamente, gerando facilitação, distorção ou redução de impacto, a depender do complexo cenário contextual no momento da vivência ou recordação. A proximidade anatômica, a redundância de neurotransmissores e a indivisibilidade fazem com que esses processos estejam intimamente relacionados.

Os determinantes da capacidade cognitiva

Quando falamos em cognição, falamos em uma série de atributos mentais (funções cerebrais superiores) que, em conjunto, compõem nossa visão de mundo, nossa racionalidade, nossa capacidade de adquirir, gerar e transformar o conhecimento, auxiliando na constante tomada de decisões. Podemos subdividir a cognição em: atenção, memória, criatividade, função executiva, linguagem, capacidade social e capacidade viso-espacial. Essa divisão é apenas didática, pois esses processos são profundamente interdependentes e integrados. A memória, por exemplo, exige uma percepção aguçada, uma atenção direcionada, criatividade na elaboração de links associativos e linguagem na organização e na expressão.

Chamamos de inteligência a capacidade de resolver problemas, sendo esse um termo abrangente e que envolve o rendimento tanto da cognição como de aspectos emocionais. Uma pessoa dita inteligente geralmente apresenta uma boa memória, uma linguagem adequada, um bom raciocínio lógico, criatividade, e assim por diante. Mas existem inteligências mais segmentares (assimétricas), isto é, quando as pessoas demonstram um talento diferenciado para uma ou outra função mental, apresentando normalidade ou até inferioridade para outras.

Agora, a função isolada que mais se relaciona com a percepção subjetiva da inteligência de alguém é a memória. Quando alguém apresenta uma memória prodigiosa, a desenvoltura na manipulação de conhecimento é lida como inteligência, sendo um ponto de destaque na grande maioria dos contextos. E essa correlação não é de espantar. Primeiro porque a memória depende de diversas outras funções mentais (como já foi dito anteriormente), segundo porque a boa memória confere ao indivíduo uma evidente vantagem evolutiva, levando-o a um acúmulo de conhecimento que irá funcionar como propulsão para o desenvolvimento de outras habilidades mentais.

A capacidade intelectual de alguém pode ser acessada de forma subjetiva (através de impressões) ou objetiva (através de testes). Seja de um jeito, seja de outro, a medida é sempre aproximada e nunca atinge a perfeição. Os famosos testes de Q.I. (Quociente de Inteligência), por exemplo, são bons avaliadores de um tipo mais convencional de inteligência, a inteligência lógico-matemática, pautada na memória, atenção e capacidade visuoespacial, mas não têm a mesma eficiência para acessar o poder criativo, o perfil de liderança, as habilidades artísticas e esportivas, a inteligência emocional etc. Atualmente, essas novas formas de inteligência, sua expressão, formas de mensuração e, principalmente, seu adequado desenvolvimento têm ganhado atenção. Ir bem em um teste de Q.I. demonstra um bom rendimento intelectual global na sua maneira mais acessível e conservadora de aferição. No entanto, não ir tão bem não garante que a pessoa não tenha um talento segmentar ou formas alternativas de inteligências.

Introdução

A capacidade cognitiva de um indivíduo é fruto de aspectos intrínsecos (com grande destaque para a genética) e extrínsecos (tais como ritmo e modo de vida, contexto clínico, alimentação, treinamento etc.). A questão genética como determinante de boa parte da capacidade mental é cada vez mais evidente para a ciência. Aquela história de "filho de peixe, peixinho é" parece ter um fundo de verdade. Temos uma capacidade inata estabelecida em nossa genética (herdada de nossos pais ou determinada pela junção caprichosa de nossos genes). No entanto, essa potencialidade pode ser melhor ou pior expressada dependendo de diversos fatores ambientais.

As pessoas, apesar de possuírem uma certa semelhança garantida pela espécie, são bastante diferentes entre si. Essas diferenças são fruto tanto da genética como do ambiente de desenvolvimento. É de se esperar que existam diferenças também na expressão de suas potencialidades cognitivas. Com relação à memória, por exemplo, há as que nascem com mais facilidade. Ao mesmo tempo, há aquelas naturalmente mais esquecidas, que precisarão desenvolver artifícios e técnicas para obter um incremento na sua capacidade. E isso acontece em todas as modalidades cognitivas e emocionais. Existem pessoas com mais talento criativo, outras com melhor raciocínio lógico, pessoas com aspecto visuoespacial excelente, outras com grande equilíbrio emocional, e por aí vai. Somos um mosaico de potencialidades e temos a preciosa oportunidade de, durante nossa vida, lapidá-las com escolhas, hábitos e treinamento adequados.

SUPERDOTAÇÃO

Existem diversos exemplos de pessoas *fora da curva*, com potencial geral ou específico elevado ou com um rendimento superior, que não pode ser explicado apenas por treinamento – são os famosos superdotados. Acredita-se que até 5% da população possua modalidades cognitivas bem acima da média, sendo essa variação, em grande parte, inata. A distribuição de potencialidades na população se comporta como a clássica *curva de Gauss* (curva de normalidade), em que a maioria estará na faixa mediana e uma pequena parte estará nas pontas, concentrando muito baixo e muito alto potencial.

Não podemos confundir uma inteligência acima da média com genialidade. É chamado gênio aquele que promove uma contribuição grandiosa para a humanidade. Claro que ser superdotado coloca você a meio caminho da genialidade, mas meio caminho não é suficiente. Muitas pessoas talentosas não desenvolvem nada, e seu talento acaba sendo desperdiçado por falta de oportunidade, de motivação, de orientação ou mesmo de sorte. Outras pessoas sem muito potencial podem vencer por determinação, engajamento ou persistência, sendo o sucesso mais fruto de transpiração do que de inspiração, nesses casos.

Vamos pensar no exemplo de um jogador como Pelé. Seu talento inato para o controle da bola e para a alta *performance* no futebol é inquestionável. Segundo muitos críticos e o senso comum, esse potencial não pode ser explicado apenas por treinamento. Agora, imaginemos que ele tivesse nascido em uma aldeia indígena distante e isolada, que não conhece o futebol. Nesse caso, o potencial teria se dissipado por falta de estímulo ou de alguma outra atividade em que seu talento se enquadrasse. Outro exemplo: imagine que Mozart tivesse nascido em uma família sem nenhuma relação com a música e que nunca tivesse visto um instrumento musical antes dos 30 anos. É possível que a humanidade tivesse perdido um dos seus grandes gênios.

Curioso é que pessoas ditas superdotadas nem sempre apresentam qualidades superiores em todos os aspectos da cognição; às vezes elas até apresentam dificuldade em um ou outro aspecto não relacionado ao seu talento específico. Alguém pode, por exemplo, ser ótimo nos esportes e muito ruim no trato social, ser excelente com números e péssimo com música, e por aí vai. O mosaico da expressão mental varia de pessoa para pessoa (superdotada ou não), e é fundamental conhecer suas facilidades e dificuldades para poder estabelecer um plano de desenvolvimento adequado para estimular ambas, atingindo todo o seu potencial.

Todos temos um potencial individual latente e pronto para ser expressado. Contextos desfavoráveis limitarão nossa expressão, assim como contextos favoráveis amplificarão nosso rendimento. Esse efeito de *lupa* (amplificação) e *funil* (limitação) será a base para o desenvolvimento desta obra. A oscilação sempre estará em torno do nosso potencial genético, e a arte estará sempre em brigar para mantê-la na faixa superior desse espectro.

Por isso, é fundamental investir no reconhecimento e nas modificações de todo e qualquer determinante ambiental, extrínseco e contextual. Isso vale para a memória ou para qualquer outro aspecto da cognição humana. O seu código genético é uma variável não modificável; não dá para nascer de novo. Assim como seu sexo ou sua idade, isso está determinado e pronto. O pulo do gato está em conhecer as variáveis modificáveis e alterá-las em prol da amplificação (*lupa*).

No caso da capacidade de memorização, esse ajuste demandará redução de ruídos, mudanças de estilo de vida, desligamento do piloto automático cerebral, controle emocional, técnica de organização da informação e comprometimento com a informação armazenada.

É realmente possível melhorar com treinamento?

Essa é uma pergunta recorrente. Muita gente ainda acredita que o potencial intelectual é estável durante a vida adulta, que a plasticidade (capacidade de transformação das redes neurais) é uma peculiaridade da primeira infância apenas, sendo o cérebro um órgão que entraria em degeneração após os 50 anos. Essa ideia é antiga e imprecisa. O cérebro é o órgão mais dinâmico do corpo. As capacidades de aprender, rever conceitos, modificar padrões interpretativos e desenvolver novas soluções para velhos problemas são as características mais marcantes e definidoras da mente humana. Nosso cérebro se modifica a cada segundo, a cada experiência e a cada pensamento. Microadaptações são feitas a todo instante nas redes neurais, configurando uma metamorfose contínua, seja para melhor, seja para pior. A experiência, a reflexão, a frustração, a dor, o exemplo, a observação, as fontes culturais, sociais, interpessoais, os arrependimentos, a alegria... tudo é fonte de mudança. O cérebro se reeduca a cada vivência, sendo uma parte dessa alteração compreendida conscientemente, e outra parte (muito maior) segmentada em uma transformação silenciosa, contínua e inconsciente.

Toda transformação é fruto de uma pressão adaptativa, mas não é necessariamente positiva. Vejo muita gente se transformando para pior, perdendo a ligação com o lúdico, abdicando do comprometimento com a própria felicidade, vestindo papéis sociais que anulam o próprio eu e perdendo o único caminho para o real amadurecimento cognitivo – que é manter suas escolhas.

E aí está o "X" da questão: manter as escolhas. Buscar o equilíbrio reestabelecendo as rédeas da cognição, desligando o piloto automático e partilhando de uma conversa amistosa com seu próprio cérebro, orientando conscientemente um sem-número de processos que são, muitas vezes, meros automatismos.

Quando eu estava no primeiro ano de Medicina, entrei em uma discussão no ambulatório. Um professor mais velho orientava o residente a não dar determinado medicamento para tratar a pressão alta do paciente. No meio do bate-boca, o professor bateu a mão na mesa e disse em alto e bom som: "*primum non nocere!*" Essa expressão reapareceu dezenas de vezes na minha vida acadêmica, nos mais diversos contextos possíveis, mas nunca com a intensidade apresentada na voz daquele professor.

Essa expressão vem do latim e significa "Primeiro, não faça mal (não prejudique)". É um princípio fundamental da saúde, mas serve para a vida como um todo e para nossa cognição. Nós o chamamos de princípio básico da não maleficência, um nome pomposo para um conceito primordial que seria: *Se der para ajudar, ajude. No entanto, tente inicialmente não atrapalhar.*

Muitas vezes, pensamos em melhorar nosso rendimento e começamos pelo treinamento, esquecendo-nos de fazer uma limpeza de hábitos, de comportamentos e até de alguns paradigmas cognitivos. Reduzindo o que nos faz mal, estamos dando um primeiro passo para a amplificação da *performance* global.

Antes de içar o cérebro para um nível superior, é fundamental retirar as âncoras que o limitam. Imagine aquele vestibulando que, na véspera de uma prova importante, passa a noite toda estudando temas novos. Se o cérebro pudesse dizer a ele uma única frase, talvez seria: *primum non nocere*.

Mas tudo bem. Imaginando que conseguíssemos não prejudicar muito o funcionamento do nosso cérebro (e iremos debater bastante sobre isso adiante neste livro), será que conseguiríamos treinar uma função como a memória? Será que cursos e técnicas de memorização podem realmente melhorar nosso rendimento?

Não tenho dúvidas! O cérebro humano aprende, automatiza um comando inicialmente difícil e artificial, mas precisa do comando certo.

Você consegue falar inglês melhor com a prática? Sim.

Você consegue aprender um instrumento, um jogo, um esporte? Sim.

Consegue aprender informática, economia, gastronomia? Claro que sim.

A prática amplia o rendimento, isso é uma regra atemporal e inespecífica. Por isso vale para a memória também, e para a criatividade, a liderança, a linguagem, o equilíbrio emocional etc. Infelizmente, esperamos que o cérebro responda sem darmos o comando correto. Somos cognitivamente muito passivos, sedentários, aceitamos e nos queixamos de nosso rendimento e não damos a devida atenção à nossa parcela de responsabilidade.

CÉREBRO HUMANO: O ÓRGÃO PRIVILEGIADO

Já que vamos falar muito de cérebro neste livro, que tal conhecermos um pouco sobre a mais fascinante estrutura biológica de que se tem conhecimento?

Trata-se de um órgão naturalmente privilegiado e protegido. É ímpar, único e localizado no topo do corpo. Isso confere a contínua proteção dos braços (imagine um lutador com sua guarda levantada). A localização superior traz um bom ângulo visual e sensorial como um todo. Apesar de ter aproximadamente 1,5 kg (cerca de 2% do peso corporal), ele recebe 20% do fluxo sanguíneo bombeado pelo coração (20% da volemia). Utiliza glicose e oxigênio como energia vital e alberga cerca de 100 a 200 bilhões de células com atividade eletroquímica, os famosos neurônios. Esses neurônios se comunicam formando trilhões de conexões entre si, as chamadas sinapses (conversas entre uma célula e outra).

Ele é cercado de ossos que o protegem, possui três membranas internas (meninges) e um líquido amortecedor que o banha completamente (líquido cefalorraquidiano). Seu sistema imunológico é diferenciado e especializado, apresentando barreiras de proteção e isolamento que não são vistas em nenhum outro órgão do corpo. Acredita-se que ele consuma 20% de toda a nossa energia (lembrando que ele tem cerca de 2% do peso corporal), sendo praticamente uma usina que trabalha de forma contínua. Sua atividade não cessa, nem mesmo à noite. Durante o sono, o cérebro organiza pensamentos, testa ideias, consolida o aprendizado, equilibra hormônios, comanda à distância a reparação de tecidos, o ritmo cardíaco, o grau de relaxamento muscular etc.

Como podemos perceber, a natureza não poupa esforços para manter viável sua maior criação evolutiva. Esse órgão é capaz de abrigar as

> percepções, as integrações mentais, o raciocínio, as habilidades motoras de interação com o espaço, a fascinante estrutura que compõe a consciência (a sensação de integralidade desse amontoado de células que compõem o eu), as complexas relações entre sentimentos e emoções que refletem todas as atitudes da raça humana, e por aí vai. Esse órgão define a vida como a concebemos hoje, uma vez que a morte é atualmente definida pela morte cerebral, pelo término de um específico e indispensável aglomerado de células que compõem nosso sistema nervoso central.

Os determinantes contemporâneos da falta de memória

Vivemos atualmente uma espécie de epidemia de queixas sobre falta de memória, e parece que quase ninguém está plenamente satisfeito com seu rendimento individual. Todos os dias, recebo pessoas de várias idades, profissões e classes sociais preocupadas com o grau de esquecimento que estão desenvolvendo. Cerca de ⅓ da população adulta em geral reclama de oscilações contínuas ou eventuais, sempre para menos, de sua capacidade de reter ou evocar informações relevantes. Quem tem esse tipo de sintoma geralmente apresenta um impacto direto na qualidade do estudo, no rendimento profissional e até mesmo nas habilidades sociais, uma vez que a memória é uma função crítica para diversos processos mentais, em graus diversos de importância e complexidade. Um "branco" em determinada avaliação pode custar uma vaga em um emprego ou universidade, esquecer o aniversário de casamento pode causar um afastamento, deixar um boleto vencer pode gerar uma multa, e assim por diante. O desempenho ruim também se reflete na autoestima e no perfil emocional. O enfraquecimento da memória leva à redução da autoconfiança, gera insegurança, frustração e esquiva progressiva a situações e ambientes nos quais a função intelectual é exigida ou avaliada. A percepção do baixo rendimento pode ser mais danosa que o próprio esquecimento em si.

Agora, essa elevadíssima porcentagem da população que se queixa da memória demonstra que a sociedade adoeceu como um todo, e que o problema não é o indivíduo em si. Claro que o indivíduo faz parte da sociedade, e é evidente que ele tem sempre uma parcela razoável de culpa por suas escolhas e pelo seu modo de vida, mas, nesse caso, o buraco é mais embaixo. Não dá para explicar nossa multidão de esquecidos negligenciando aspectos populacionais e contemporâneos.

A meu ver, existem três aspectos importantes que podem explicar inicialmente essa enxurrada de pessoas insatisfeitas com sua capacidade de memorização.

1. Grau elevado de cobrança. Muitas vezes, nos cobramos e somos cobrados de forma excessiva. Queremos ter uma memória absolutamente perfeita, capaz de fixar tudo que é importante, esquecer o que é desnecessário e evocar as coisas no momento exato, com rapidez e perfeição. Erros são inaceitáveis e inadmissíveis. *Onde já se viu errar?* Ter um "branco", confundir um nome, perder uma senha, não encontrar o carro no estacionamento, esquecer o celular em casa etc. são tão comuns que pensamos: "Deve ter alguma coisa errada com o meu cérebro". Essa *auto* e *alta* cobrança não nasce apenas dentro da gente, mas vem também do trabalho, da vida conjugal e da sociedade como um todo. Existe pressão por todo lado, a todo momento. Nossa sociedade é competitiva, comparativa, e pode ser bastante cruel. Falhas são amplificadas em diversos contextos, sendo que o acerto cognitivo não recebe o mesmo destaque. Vivemos rodeados de perfeição – obviamente, de uma falsa, inconsistente e inconstante perfeição. A toda hora, na publicidade e nas redes sociais, nos apresentam modelos de sucesso, equilíbrio e alta *performance* por vezes bem distantes desse nosso mundo real.

Com isso, evoluímos com uma frustração crônica, com a impressão de que nunca somos bons o suficiente. Na verdade, todo processo mental complexo é altamente sujeito a falhas. A imperfeição é um efeito colateral universal. Precisamos, claro, tentar minimizá-la, observando seus determinantes modificáveis (sabemos que existem os não modificáveis) e buscando uma eficiência mais próxima do ideal. Mas é muito importante também viver com uma certa resignação, aceitando lapsos e erros incidentais, vindos dos outros e principalmente de nós mesmos. A história do telhado de vidro nunca foi tão verdadeira. Atualmente, vivemos em meio a uma enxurrada de pessoas dispostas a apontar e criticar sem conhecer adequadamente todo o contexto de determinada ocorrência e sem relevar os erros envolvidos em qualquer comportamento humano.

Mas, voltando ao rendimento cerebral em si, o processo sequencial que culmina na memorização e na evocação apresenta vários pontos vulneráveis, sendo impossível garantir seu funcionamento perfeito durante todas as atividades. Insisto nisso, pois o medo do erro pode aumentar sua ocorrência, ao invés de minimizá-lo.

Conheço muitas pessoas inseguras por conta de um perfeccionismo excessivo, que pecam por omissão, sofrem por eventos banais e perdem a possibilidade criativa de cometer um erro funcional. Levar na esportiva e no bom humor pode fazer você aceitar melhor o seu rendimento, reduzindo o estresse global e revelando um *status* muito menos fantasioso de sua condição humana.

Adequar a expectativa é a melhor forma de reavaliar o resultado. Uma expectativa elevada obviamente culmina em uma frustração maior. Nota 6 é uma boa nota? Depende. Qual é a média?

Tudo é questão de referencial. Mas isso não significa que devamos nos nivelar por baixo. Longe disso. Acho que devemos manter nossa autocrítica, mas com as rédeas curtas alicerçadas no nosso potencial, mantendo nossa autoestima equilibrada – alta o suficiente para nos valorizarmos, e baixa o bastante para contermos nossa arrogância, um dos piores defeitos de um ser humano.

2. Dinâmica da informação. Vivemos na era da informação rápida, leve e fugaz. Estamos quase sempre expostos a uma *overdose* real ou potencial de sensações (concomitantes e concorrentes) e somos privados de tempo, de sono e de paz. As experiências cresceram em quantidade e caíram em qualidade. Não conseguimos mais parar, respirar e vivenciar as coisas com todas as suas complexidades. A percepção e a integração de sensações ficaram rasas, complicando um dos momentos críticos da memorização. Nossa memória reflete nosso comprometimento com a realidade. Os ambientes apresentam informações excessivas, e nós ficamos tempo demais no modo cerebral multitarefa. Qualquer um pode nos encontrar *on-line*, mas ninguém nos encontra em uma cafeteria. Existe uma relação inversamente proporcional entre a capacidade de memorização e a velocidade da informação. Encurtamos a distância, otimizamos o tempo e demos um acesso praticamente universal à informação. O problema é que tudo ficou fácil demais, rápido demais, monossensorial demais, frio demais. A dificuldade é a mola propulsora do cérebro. Quer fixar algo? Pense sobre a coisa, se envolva, transforme uma atividade passiva em ativa, viva situações multissensoriais e mais emocionais.

Voltemos para a cafeteria. Ficar uma tarde conversando com alguém de que a gente gosta, olhando em seus olhos, tocando suas mãos, retribuindo seus sorrisos, observando o jeito como a luz incide em seus cabelos, sentindo o cheiro do café, vendo a fumaça do pão de queijo quentinho, percebendo a movimentação do mundo ao redor... enfim. Essa experiência supera muito a complexidade de uma cutucada no Facebook ou de um *emoji* em uma mensagem de celular.

Não digo isso para abandonarmos a tecnologia, e nem no sentido saudosista de querer a volta a um passado romântico e superior. Muito pelo contrário. Acredito que as ferramentas modernas, quando usadas corretamente, podem amplificar muito nosso rendimento, mas precisam ser comandadas e direcionadas por uma cabeça pensante. Na prática, vejo muita gente refém da própria ferramenta, sendo utilizada pela ferramenta ao invés de utilizá-la. É possível ser moderno sem aceitar goela abaixo o modo de vida moderno. Seu estilo de vida, seu tempo de envolvimento em cada atividade, sua dedicação sensorial com suas vivências e suas prioridades são sua responsabilidade, ou pelo menos deveriam ser.

Acredito que, atualmente, nosso sistema nervoso está sobrecarregado. E esse aumento de realizações (resolvemos mais coisas que antigamente e em menos tempo) não elevou nossa percepção de felicidade. Temos um *boom* nos casos de ansiedade, depressão, problemas cognitivos, separações, isolamento, frustrações e por aí vai. Na verdade, o conjunto de estímulos internos (pensamentos) e externos passa por uma curva de rendimento (curva essa também em forma de sino, como uma curva de normalidade, de Gauss). Pouco estímulo, tédio, rotina e uma vida muito parada não empolgam e não desafiam. No entanto, o excesso de atividades, cobrança e um ritmo frenético de vida também levam a uma situação crítica de baixo rendimento, com fadiga decisória, baixa criatividade, desatenção e elevada percepção negativa de estresse.

Certa vez, uma inteligente repórter do jornal da Rede Bandeirantes esteve no meu consultório para fazer mais uma dessas reportagens rápidas sobre estilo de vida. No meio de um conjunto de perguntas relativamente óbvias, ela disse: "Não entendo, se hoje em dia fazemos muito mais coisas em menos tempo, por que então a impressão subjetiva é de que cada vez o tempo passa mais depressa? Deveria ser ao contrário. Realizando mais atividades, deveríamos ter a sensação de que o dia está mais demorado, que o ano passou lentamente, dado o grau de realizações".

Nessa hora, eu parei e refleti um pouco. Essa observação até faz algum sentido, mas me parece incorreta. Só que onde está o erro? Será que temos mesmo a impressão de que o tempo está passando mais rápido? Será isso fruto da modernidade (da velocidade da informação) ou será uma sensação humana atemporal? Pensei mais um pouco. Confesso que essa pergunta ainda me incomoda e, às vezes, tira o meu sono.

A responsável pela percepção de passagem do tempo é em parte a fixação de novas memórias, disso não tenho dúvidas.

Fixar mais memórias preenche com episódios nossa estimativa de tempo passado e nos dá uma ideia de rendimento. Então, não podemos confundir *ter feito várias coisas* com *ter fixado várias coisas*. Eis aí o primeiro equívoco. Fazemos muitas coisas irrelevantes, nos enchemos de rotina, de processos automáticos e nos empanturramos de mais do mesmo. Realizamos muitas tarefas para os outros, com pouco significado interno e com pouco componente realmente afetivo. Resolvemos crises, urgências, damos conta de obrigações e com isso, às vezes, não temos tempo de viver. O que explica parte desse paradoxo: são muitas atividades e poucas memórias duradouras. O resultado final é: o tempo passa mais rápido.

Outra questão importante é o ritmo e o contexto da atividade cerebral. Quando estamos esperando algo ou entediados, sem nada para fazer naquele momento, o tempo parece mais lento. Essa é outra parte da magia da relatividade do tempo (que Einstein não nos escute!) Ao esperar em uma fila de banco, por exemplo, o ócio faz o tempo ser vendido mais caro. Esperar alguém se arrumar, esperar uma comida gostosa ficar pronta, esperar a última meia hora do horário de trabalho passar para poder ir embora... Meu Deus, nesses casos, a ansiedade parece amarrar os ponteiros. Existe uma frase engraçada que diz: "O tempo é relativo; passa mais lento ou mais rápido dependendo de que lado da porta do banheiro você está". (Não conheço o autor dessa pérola.)

Agora, mesmo não conseguindo responder de forma definitiva à pergunta da repórter, ela me levou a uma outra reflexão: será que é melhor que o tempo passe mais lento ou mais rápido? Isso dá uma outra boa discussão para um domingo à tarde, lá naquela cafeteria que mencionei antes.

A priori, seria bom se o tempo passasse mais lento, para vivermos mais. No entanto, parece que o que é bom sempre dura menos (uma característica inata do prazer), sendo muito bom se a vida voar cheia de coisas boas. Essa é uma escolha difícil, que depende do contexto. Acho que gosto da ideia natural do tempo dinâmico (ora mais lento, ora mais rápido) e da constante tentativa cerebral de dominá-lo, quase sempre sem muito sucesso.

3. Fatores individuais. Finalizando a tríade de aspectos contemporâneos que alteram nossa capacidade de memorizar, claro que não poderiam faltar os aspectos individuais. Não dá para culpar só o elevado grau de cobrança e o ritmo intenso da vida moderna. Problemas complexos apresentam determinantes complexos (muitas vezes, há mais de um associado). O cérebro que lembra ou esquece é parte integrante de um organismo que adoece de diversas formas. Esse adoecer, seja da forma clássica (ter uma doença), seja no conceito mais amplo de doença (apresentar hábitos inadequados), pode impactar negativamente a *performance* cognitiva.

A memória é uma complexa cadeia de eventos muito sensíveis que depende intimamente do equilíbrio fino do indivíduo. Alterações no sono, desatenção, modo multitarefa, problemas ou oscilações hormonais, desequilíbrio emocional, tudo isso pode levar ao esquecimento.

Alguns desses desequilíbrios configuram doenças a serem tratadas, sendo o esquecimento um dos sintomas. São elas: depressão, ansiedade, transtorno de déficit de atenção (com ou sem hiperatividade), hipotireoidismo (redução do funcionamento da tireoide), insônia, fibromialgia, doenças neurológicas específicas etc. Outros configuram hábitos e comportamentos disfuncionais, como ritmo de sono irregular, excesso de estresse no dia a dia, consumo de substâncias nocivas, baixo engajamento em atividades físicas e mentais, manutenção de ambientes desfavoráveis etc.

CAUSAS COMUNS DAS QUEIXAS DE MEMÓRIA
Sobrecarga de informações
Elevado nível de cobrança
Desatenção (sistema multitarefa)
Velocidade das informações
Distúrbios hormonais (problemas na tireoide/menopausa)
Problemas emocionais (depressão/ansiedade)
Falta de sono
Falta de treinamento
Problemas cerebrais específicos (principalmente acima dos 65 anos)

Seja como for, todo processo de transformação nasce de um diagnóstico inicial, que pode ser feito por você mesmo (em casos mais simples). Com esse autodiagnóstico, você conseguirá traçar planos de intervenção, alterando hábitos, comportamentos e paradigmas. É muito difícil combater um inimigo que não enxergamos, ou que enxergamos, mas que não reconhecemos como inimigo.

O poder do hábito

Hábitos são elementos e atitudes frequentes do nosso comportamento. Eles podem ser voluntários, involuntários ou semivoluntários.

Iniciamos um hábito por escolha, imitação ou mesmo por necessidade (sendo que, muitas vezes, a necessidade se vai e o hábito fica). Eles moldam nossa relação com o mundo, identificam parte de nossa personalidade e o modo pelo qual somos vistos e reconhecidos pelos outros.

Bom, então é simples: é só reconhecer e mudar os hábitos negativos e pronto, nem vou ler o resto deste livro. Ledo engano. É mais fácil você terminar este e outros tantos sobre o tema e seu mau hábito continuar por aí, rondando sua existência. Hábitos são estruturas robustas, muitas vezes enraizadas. Mudá-los e sustentar a mudança ao longo do tempo exige muita força de vontade, empenho e abdicação. Muitos são frutos culturais, outros simbolizam ligações de memória afetiva, alguns funcionam como válvulas de escape para a ansiedade e o estresse... Enfim, não são obras do acaso e sua transformação exige uma postura alternativa consistente.

O CASO DOS CINCO MACACOS

Para ilustrar como um hábito pode perdurar além do tempo e de sua necessidade, vamos relembrar uma famosa fábula (de autoria desconhecida, encontrada de forma frequente na internet).

Cientistas colocaram cinco macacos em uma jaula grande, formando uma pequena comunidade. No meio da jaula, foi colocada uma escada, e sobre a escada, um cacho de bananas. O macaco que subisse a escada alcançaria facilmente o cacho tentador. Mas havia um probleminha: toda vez que um macaco subia a escada, os outros quatro macacos que ficavam no chão recebiam um jato de água fria. Com o tempo, os macacos começaram a ficar agressivos com os que tentavam subir, em um comportamento condicionado por *feedback* negativo. Após algumas surras, nenhum macaco se atrevia mais a subir aquela escada, mesmo com a tentação das bananas. Criou-se uma espécie de lei interna, baseada em dois hábitos que faziam todo o sentido. O primeiro era o hábito de espancar todo macaco que tentasse subir, o segundo era o hábito negativo (ou evitativo) de não subir a escada para não ser espancado. Até aí tudo bem, todos eles só estavam defendendo sua integridade física.

Na segunda fase do experimento, os cientistas foram substituindo um macaco de cada vez e inserindo animais novos. Quando o novato entrava na comunidade, ele logo tentava subir a escada para buscar as bananas, obviamente tomava uma surra dos veteranos e então desistia. O aprendizado era passado adiante a cada novato que entrasse. É interessante notar que os primeiros novatos que entraram no experimento substituindo os veteranos também passaram a punir os mais novos. Com o tempo, havia cinco macacos novos na jaula e nenhum deles tinha tomado um jato de água fria. No entanto, todos evitavam subir a escada e espancavam aquele que ousasse tomar tal atitude. Se pudéssemos perguntar a um dos novatos o porquê desse comportamento, ele certamente diria que sempre foi assim por ali.

Esse interessante experimento ilustra o nascimento de um hábito que perdura possivelmente além da sua necessidade. Na nossa vida, devem existir muitas escadas, bananas, macacos novatos e veteranos, jaulas e hábitos como esse, que replicamos mesmo sem entender completamente por quê.

Partimos de muitos paradigmas equivocados e, mesmo munidos de boa intenção, acabamos prejudicando a nós e aos que nos cercam.

Introdução

O hábito é a expressão comportamental de algo que nasce dentro de você. Uma máxima famosa atribuída a George Bernard Shaw diz: "A virtude não consiste em nos abstermos de maus hábitos, mas de não os desejarmos".

Não preciso nem dizer que o nível dos desejos é bem mais profundo e complicado que o nível das ações. Mas não existe outra rota de transformação cognitiva que não a mudança do padrão mental. Sem atrelar mudanças de paradigmas a mudanças de comportamento, nada se modifica. Esperar resultados diferentes mantendo a mesma conduta é o substrato do fracasso pessoal.

Nosso cérebro é brilhante, mas um pouco acomodado. A inércia mental tende a nos manter conservadores e resistentes às mudanças, muitas vezes necessárias. Estamos propensos a buscar a automatização cognitiva, a zona de conforto, e por vezes vagamos à deriva no mar do cotidiano, sem um direcionamento consciente e transformador.

Quando penso na força de um hábito consolidado, penso na primeira lei de Newton, o princípio da *inércia*. Algo mais ou menos assim:

"Um corpo parado tende a permanecer parado, assim como um corpo em movimento tende a permanecer em movimento retilíneo e uniforme, a menos que uma força aja sobre eles."

Precisamos buscar essa força que age sobre nossa cognição e que gera movimento quando ela está parada, ou aceleração ou mudança de rota quando já em movimento. Pois, segundo a lei da inércia, não alcançaremos resultados diferentes dos que estamos apresentando se não houver essa força de perturbação.

Para romper um hábito, é fundamental reconhecer sua presença e a necessidade de modificação. Depois, é preciso uma grande energia de deslocamento, e isso me remete a uma outra lei fundamental da física: a lei da gravitação universal.

Sabe-se que a energia para deslocar um foguete para fora da órbita da Terra é enorme, e está bem acima da energia necessária para mantê-lo durante o resto de sua viagem. Isso ocorre porque a força da gravidade é maior dependendo da massa (e a Terra é muito maior que o foguete) e inversamente proporcional à distância, portanto diminui quanto mais longe do planeta o foguete estiver. Vamos à descrição clássica desse princípio: "Matéria atrai matéria na razão direta de sua massa e na razão inversa do quadrado da distância".

Agora, tracemos um paralelo com nossos hábitos. A energia para nos distanciarmos dos hábitos inadequados é bem maior no começo, como nosso foguete tentando escapar da força gravitacional da Terra. No entanto, a partir de um determinado momento, o processo ganha certa autonomia e a força de manutenção passa a ser proporcionalmente menor. Isso vale para o abandono de um vício (como o cigarro ou o álcool), para o ajuste do sono, para o poder de priorização, para o envolvimento com atividades físicas, para a reeducação alimentar, para a socialização etc. É um princípio básico e inespecífico.

Depois desse momento Stephen Hawking (tentando implementar teorias universais para explicar todo e qualquer processo observável e passível de mensuração), acho que estamos prontos para adentrar de forma mais categórica e definitiva a compreensão do processo de memorização.

No decorrer de nossas conversas, revisitaremos muitas das questões abordadas nesta introdução.

O PROCESSO DE MEMORIZAÇÃO

Já começamos (pelo título deste capítulo) derrubando um conceito equivocado: a memória não é uma função, mas um processo, cujas funções são dispostas em série e em paralelo, como em um circuito elétrico complicado. Uma vivência percebida pelo cérebro passa por uma maratona antes de ser fixada e alocada na sua gaveta cerebral. Isso é muito importante para compreendermos os pontos de perda de rendimento e os potenciais alvos de intervenção consciente.

Gosto de imaginar a memória como uma corrida de obstáculos, em que sucessivas dificuldades pontuais acabam determinando o resultado final. E, da mesma forma que um atleta de alta *performance*, devemos buscar os pequenos ajustes necessários para concluir a prova da melhor maneira possível.

O ponto de partida é a vivência, um complexo conjunto de percepções que ocorreram em algum lugar do tempo. O cérebro vivencia eventos externos (paisagens, cheiros, toques, pessoas, conversas etc.) e eventos internos (pensamentos, imaginação, sonhos, memórias de outras vivências etc.). Essa é nossa linha de largada. Sem vivências, não se formam memórias. A partir daí, a corrida começa e surgem os obstáculos. Neste capítulo, iremos trazer uma visão geral, como um *city tour* pelo processo como um todo, e depois destrincharemos cada ponto de forma ampliada e mais detalhada.

O primeiro obstáculo da vivência é passar pelo filtro da atenção. Somos bombardeados com informações o tempo inteiro, e a aspirante a memória precisa vencer a concorrência inicial e receber destaque nesse primeiro momento. Vivenciamos muitas coisas, mas atentamos apenas para algumas delas. E só conseguimos memorizar aquilo que recebe nossa atenção, sendo esse um princípio básico, que explica muitas formas de esquecimento.

Mas tudo bem, passamos pelo primeiro obstáculo. Agora, o cérebro precisa atribuir um grau de relevância, de importância, para definir se irá memorizar a vivência ou não. Nem tudo em que prestamos atenção será memorizado no longo prazo. Percebam como o processo vai se afunilando progressivamente. Uma vez definido pela fixação, será atribuído um limiar, uma rede de associação e os aspectos afetivos, entre outros pontos relevantes para o gerenciamento da informação.

Fixar uma informação na mente significa tatuar uma rede neuronal capaz de mimetizar, em grande parte, o caminho neurológico de uma sensação vivida, na ausência do estímulo que lhe deu origem na primeira exposição. Parece complicado? E é muito mais complicado do que parece. Toda lembrança se torna uma versão da vivência e é ancorada de forma a poder ser evocada em um *segundo momento*.

Esse *segundo momento* é o da evocação, um sistema capaz de trazer à tona essa vivência na hora certa. Toda memória tem uma espécie de *fio da meada*, uma ponta solta que, quando adequadamente acionada, traz a vivência de volta.

Podemos dividir didaticamente o processo em dois grandes grupos: a fixação (aquisição) e a evocação (resgate), tendo cada um deles os seus determinantes e detalhes.

A fixação

O processo de fixação ou de memorização propriamente dita é uma fase crítica; se algo não for fixado, jamais poderá ser evocado. Mais do que isso, se algo for fixado de forma inadequada, não será facilmente trazido à tona no futuro, uma vez que boa parte das associações (*links*) das informações são feitas na fase da vivência. Trata-se, portanto, de uma janela de oportunidade. Muitas vezes, deixamos passar a chance de interagir com a informação vivenciada, não damos tempo e não alteramos conscientemente a complexidade cognitiva e afetiva no momento da fixação. Aliás, quando falo de fixação, não me refiro apenas ao momento exato da vivência, mas aos minutos, horas e dias que se seguem à vivência em si. Isso porque o cérebro mantém uma série de informações com relevância inicialmente duvidosa na chamada fase de consolidação. Coisas recentes ficam mais vivas nas primeiras horas da exposição, sendo eliminadas progressivamente quando ocorre o processo de decaimento. Aqui vale a pena uma pausa para nos familiarizarmos com esses dois princípios fundamentais.

1. Consolidação. Vivências não viram memórias de longo prazo (com duração de horas ou muitos anos) em um passe de mágica. Elas são transformadas por um processo complexo de aprofundamento que é feito nas primeiras horas e dias após a exposição. Trata-se de um processo natural de fortalecimento e de combate ao esquecimento. É fundamental compreender que uma recordação precoce consegue efetivamente elevar a taxa de conversão de uma vivência em memória.

2. Decaimento. Essa é uma força de enfraquecimento mediada pelo tempo, um processo universal de qualquer vivência experimentada por nós. Nossas vivências vão perdendo detalhes, nuances e ficando cada vez mais simplificadas, enxutas e distantes na mente. Trata-se de um processo intenso e relativamente rápido. Ao término de um dia, nossas experiências recentes já estão bastante editadas; após uma semana, retemos apenas pontos-chaves; em um mês, pode sobrar muito pouco de uma experiência.

Como podemos perceber, trata-se de forças opostas. A consolidação aprofunda e tenta solidificar a experiência na mente, criando memórias de longo prazo, e o decaimento funciona como a implacável edição que o passar do tempo faz com nossas vivências recentes. Essa luta constante entre as duas forças é como um cabo de guerra, e é o que determinará a formação ou não de uma nova memória. Qualquer intervenção consciente que vise a ampliar a capacidade de fixação deverá atuar em prol da consolidação e em detrimento do decaimento, sendo a fase mais crítica os momentos que se seguem à vivência, uma vez que o decaimento é mais intenso nos primeiros dias e é um fenômeno irreversível.

Por exemplo, eu me lembro hoje do que comi no café da manhã de ontem (um resto de panetone que sobrou do Natal, aliás). O panetone estava bom, mas nada espetacular que mereça uma memória persistente. Também não ocorreu nada emocionalmente intenso durante o seu consumo, portanto trata-se de uma recordação trivial. Ela está viva na minha mente apenas por proximidade temporal no momento em que escrevo este texto. Seria um prato cheio para o decaimento e para o limbo precoce do esquecimento. No entanto, ocorreu uma intervenção: para criar esse exemplo, eu pensei no café da manhã de ontem e recordei o sabor do tal panetone. Ponto para a consolidação e azar do decaimento. E mais que isso. Eu escrevi sobre ele, gerando mais consolidação. E escrevi em um local emocionalmente importante para mim: no meu livro. Golpe fatal no decaimento! Transformei uma informação trivial em uma informação de alta relevância. Esse exemplo bastante simples mostra como a vivência nos dá dois momentos para demonstrar a relevância de algo: no ato da vivência e nas horas e dias subsequentes. A recordação e interação precoce com a informação parece fortalecer muito sua consolidação, resistindo ao natural decaimento.

Isso é extremamente importante no nosso dia a dia, pois significa que podemos e devemos cooperar com nosso processo de fixação. Reclamar por falhar na evocação é chorar pelo leite derramado, e é muitas vezes fruto de uma fixação desleixada.

Vamos falar de um aluno padrão. Ele acorda cedo e comparece às aulas, quase nunca falta, tenta prestar atenção nas palavras da professora e realiza bem suas atividades dentro da escola. Nada contra a sala de aula, mas trata-se de uma atividade em grande parte passiva, sem grande interação ativa do aluno com a informação. O tema também frequentemente não ajuda, pois o ensino versa sobre conteúdos nem sempre atrativos para o momento de vida do aluno em questão. A cobrança é feita por meio de provas ao final do mês, do trimestre, do ano ou mesmo ao final da carreira escolar, no famoso vestibular.

Agora, como está a informação do dia na cabeça desse aluno?

Está em grande parte em processo de consolidação, acessível naquele dia por proximidade temporal, mas à mercê do decaimento precoce, uma vez que não teve uma vivência intensa e de alta relevância. Encontra-se na memória de curto prazo (até seis horas da exposição) ou na sensível fase inicial da memória de longo prazo, esperando um empurrãozinho para se tornar uma memória definitiva (como o que ocorreu com meu panetone de ontem de manhã). Se nada for feito, a janela vai se fechar e o aluno (que parecia até um aluno razoável) não aprenderá e não sedimentará o conteúdo. Associe isso ao fato de grande parte dos alunos terem o péssimo hábito de estudar na véspera da prova. Ou seja, quando estão distantes do momento do aprendizado, e ainda sob a motivação errada, uma vez que o foco não deveria ser a nota, mas sim o aprendizado contínuo.

Nesse exemplo, o que seria necessário para a consolidação?

Que o aluno estudasse a matéria no dia em que a aprendeu, que deixasse o ambiente passivo da sala de aula (o que é importante para orientação, direcionamento e metodologia) e que, em casa, buscasse uma interação mais personalizada – esse ato de revisão precoce com uma interação mais consistente (escrever, por exemplo), mais solitária, tranquila e consolidadora. Estudar um pouco por dia traz resultados muito melhores que estudar na véspera. O estudo de véspera tem vários problemas: grau de tensão, quantidade de conteúdo, distância do primeiro acesso à informação, entre outros. A informação adquirida pouco tempo antes da prova pode ser suficiente para resolvê-la (uma vez que se enquadra novamente na proximidade temporal da memória de eventos mais recentes), mas é absolutamente ineficaz para resolver o verdadeiro problema do aluno, que é seu aprendizado a longo prazo. Voltaremos a esse tema mais à frente neste livro com mais reflexões.

Obviamente essa teoria vale tanto para os estudos como também para todos os aspectos da vida. Devemos caprichar ao máximo durante a exposição a um estímulo importante e na fase de decaimento da memória (primeiras horas e primeiros dias), sinalizando ao cérebro que aquilo merece destaque e assim ajudando-o na organização. Imagine uma festa com a participação de três amigas adolescentes, com cerca de 15 anos de idade. No dia seguinte, elas se reúnem e passam a tarde conversando sobre cada detalhe da festa, dos momentos engraçados, partilhando experiências e pontos de vista sobre o determinado evento. Pronto! Nasce uma memória firme, emocionalmente intensa, organizada, fruto de vivência, atenção, recordação precoce e interação com a informação. A ausência do segundo momento provavelmente reduziria a intensidade e longevidade de tal recordação.

Mas vamos em frente. O primeiro passo para uma boa fixação é expor o estímulo certo (atrativo) ao cérebro, do jeito certo. Repare bem nessa tríade do sucesso da fixação: estímulo, cérebro e modo.

Muitas vezes, guardamos a informação como uma criança que joga uma bola de beisebol dentro de um quarto completamente bagunçado. Na hora de achar a bola, perdemos um tempo precioso, que muitas vezes não temos. Aí surge o lapso, o branco, a falha, e a informação vem à tona tardiamente, quando geralmente não é mais necessária. Esse é um exemplo de descaso na fixação, levando ao baixo rendimento na evocação da informação. A informação (bola) está lá, sem dúvida, mas sabe Deus onde e quanto tempo perderemos para encontrá-la.

Nosso cérebro atribui importância a algo levando em conta alguns critérios. Ele gosta, por exemplo, de estímulos intensos, repetidos, relevantes (condizentes com seus interesses), emocionalmente interessantes e que destoam do contexto em que foram apresentados (ou seja, que são esquisitos). Isso funciona bem na grande maioria das situações, mas nem sempre. Algumas vezes, somos apresentados a informações importantes, mas expressas sem nenhuma das características acima. É aí que entra em jogo o ajuste consciente da informação – a necessidade de gerar atributos de destaque e direcionar o processo colocando-o fora do piloto automático. Essa é a base de toda e qualquer técnica de memorização.

ESTÍMULO IDEAL	CÉREBRO IDEAL
Intenso	Saudável
Recorrente	Descansado
Destoando do contexto	Focado (atento)
Relevante	Engajado (interessado)
Emocional	Emocionalmente estável

O conceito de trabalhar a vivência otimizando seus atributos em prol de uma melhor fixação é um dos princípios fundamentais da fase de fixação (mnemônica). Para acontecer a consolidação, o cérebro, além de ter que estar saudável em todos os sentidos, precisa ser atraído para um estímulo peculiar, a interação precisa de tempo e precisa haver *química* entre o cérebro e a vivência (química no sentido metafórico, dos apaixonados, mas também no sentido literal, já que toda ocorrência mental é um processo eletroquímico). Você precisa garantir que seu cérebro olhou, enxergou, prestou atenção e destacou a vivência que você quer memorizar. Para isso, é óbvio que você tem que saber rastrear o ambiente, identificar a relevância das experiências sensoriais e utilizar técnicas para alertar seu cérebro de forma mais consciente. Não pode ter vergonha de si mesmo. Você deve distorcer, amplificar o que torna determinado estímulo único, simplificar a informação, realizar associações bizarras, grosseiras ou emocionais e só seguir adiante quando tiver certeza de que o cérebro marcou o evento e o colocou na fila preferencial para memorização.

Existe uma variável oculta na tríade *estímulo-cérebro-modo*, que é o tempo. Toda interação neurológica dura um período. Quanto mais durar uma interação, melhor para a memorização. O cérebro é rápido, mas a pressa diminui sua eficiência, e o tempo e a mudança de atitude amplificam a capacidade de sedimentação. Se você parar diante de uma informação importante a ser fixada e aguardar um tempo, estará ajudando seu cérebro a realizar parte do trabalho. Cada segundinho ajuda. Respire mais fundo, faça uma breve pausa para processar a informação e então siga adiante. Essa "lentidão direcionada" sinaliza a relevância e permite que associações sejam feitas e processadas – e que sejam feitas com qualidade, para alicerçar a evocação.

O EFEITO GPS

Para ilustrar o efeito do tempo na função cerebral, gosto de recorrer a uma experiência cotidiana que temos com alguns aparelhos e aplicativos de GPS (como o famoso Waze, por exemplo). Acionamos o aplicativo e digitamos o endereço que queremos encontrar. Em seguida, acionamos o sistema de identificação do melhor caminho, baseado na distância e no trânsito naquele momento. Queremos, ao final do processo, uma rota, o tempo estimado, a distância e as ocorrências que possam aparecer no caminho. Existe uma clara e árdua missão para o aplicativo. E qual a primeira coisa que ele pede a você? Tempo.

Logo, surge na tela um círculo ou uma barra de carregamento, querendo dizer: "Deixe-me raciocinar". Nesse momento, surge uma opção inusitada e tentadora: durante o carregamento, você pode forçar o aplicativo a apresentar uma rota mesmo antes do período estipulado de espera. Essa opção traça a melhor rota possível sem que o aplicativo tenha tido tempo suficiente para pensar. Essa rota potencialmente "meia-boca" é uma versão digital de um fenômeno que acontece com nosso cérebro a todo momento.

O melhor funcionamento cerebral ocorre quando compreendemos a missão, paramos, pensamos, testamos hipóteses e então decidimos. Acelerar o processo terá um custo – arriscaremos escolher uma rota mais ou menos, cometer um ato impulsivo sujeito a uma taxa maior de erros. Existem diversas variáveis importantes na tomada de uma decisão, por mais simples que ela seja: identificação de variáveis, experiência prévia, análise de opções alternativas e intermediárias, projeção de resultados, análise de riscos, custos e benefícios etc. Mas quero destacar neste momento a influência do tempo.

O processo de memorização

Grandes tomadores de decisão raramente decidem na hora da ocorrência, em contextos emocionais ou, como dizem, quando estão com a "cabeça quente". Vou dar um exemplo simples como a compra de um carro. Vamos a uma concessionária e nos deparamos com opções de todos os tipos. Somos cercados por vendedores treinados, o ambiente é envolto de magia e marketing. Entramos no veículo, que tem cheiro de carro novo, botões para todo lado, pintura brilhante etc. Somos conduzidos lentamente a um contexto desfavorável para tomar uma decisão, assim como uma presa é atraída por um predador. Bons tomadores de decisão raramente fechariam a compra nesse primeiro momento. Iriam para casa, pensariam friamente no custo/benefício da aquisição, no contexto geral dessa compra e iriam dormir. Ao acordar, verificariam a vontade de comprar o tal carro e, se ela estivesse racionalmente lá, iriam à concessionária fechar o negócio. Na prática, a maioria das decisões ditas *emocionais* não sobrevivem após uma boa noite de sono e um pouco de reflexão.

A variável tempo é essencial para preencher nossa barrinha de carregamento interno, mesmo quando precisamos tomar microdecisões do dia a dia, responder a perguntas, escolher a melhor palavra, ou fixar determinada informação. Com mais alguns segundos, muitas brigas teriam sido evitadas, muitas pessoas não teriam sido magoadas, muitas armas não teriam sido disparadas, enfim. Infelizmente, damos pouco valor para o tempo necessário a uma reflexão, como se o cérebro fosse uma máquina fantástica e pudesse realmente encontrar a melhor alternativa assim de supetão.

Mas é claro que podemos entender o porquê dessa impaciência e impulsividade. Vivemos em uma sociedade de urgências, nada pode esperar. Somos cobrados por nós e por todos para resolver as coisas para ontem, não é mesmo? Estamos sempre apressados, priorizando a quantidade de problemas resolvidos e baixando a qualidade das decisões, das percepções

> e das interações. Quem nunca ouviu a famosa expressão "Tempo é dinheiro"? Eu discordo disso. Tempo é tempo, e dinheiro é dinheiro. E essa confusão nos leva a escolhas de vida bastante complicadas. Tratamos o tempo como algo que podemos produzir, gerar e recuperar, só que essas são características do dinheiro, não do tempo. O tempo não volta. Não é produzido, mas sim gerenciado. Ele é distribuído igualitariamente entre todos os seres humanos (o que é bem diferente do dinheiro!) O rico e o pobre têm sempre as mesmas 24 horas no dia. O tempo é o calcanhar de aquiles de qualquer existência, e também o cobertor curto que exigirá eleger prioridades. Sem tempo, não se consegue dinheiro, isso é quase sempre verdade, mas a dinâmica dessa troca não pode escravizar você, pois o tempo de vida é uma ampulheta finita e sem volta. Quase não morremos mais por falta de alimento ou água, apesar de esses serem recursos limitados, mas morremos lentamente por falta de tempo. Por isso, cuide dele. Você não poderá fabricá-lo, e irá progressivamente se empobrecer de tempo. Portanto, empenhe-o com sabedoria, livre-se das urgências pseudoimportantes, intensifique a qualidade das decisões tomadas e direcione suas ações seguindo critérios de sua realização pessoal.

Até aqui já aprendemos algo sobre os determinantes da boa memória, o poder do desenvolvimento guiado pelo controle de hábitos cognitivos, o processo sequencial que culmina na memorização e já descobrimos algumas pistas de como agir diante de algo importante.

O objetivo deste livro é compreender a sistemática da memorização, de modo que você consiga construir suas próprias ferramentas na amplificação da função. Os conceitos fundamentais voltarão de forma cíclica, como uma espiral ascendente, permitindo que, com o passar dos capítulos, o nível de complexidade se eleve.

A fixação e as duas janelas de oportunidade

Para maior clareza e sistemática, vamos redefinir os momentos de intervenção mais importantes de uma fixação.

1ª janela: no ato da vivência. Acontece ao se deparar com algo importante a ser memorizado. Aja e garanta que o *quarteto* da memorização esteja afinado:

estímulo / cérebro / modo (de interação) / tempo

Transforme o estímulo em algo atrativo, mantenha o cérebro saudável, crie associações intensas e criativas, garanta que o cérebro interaja com o estímulo, e dê tempo para que essa interação se proceda com sucesso.

2ª janela: nas horas e dias subsequentes à vivência. Como já vimos, o decaimento da memória ocorre automaticamente, sendo crítico nas primeiras horas e nos primeiros dias após o contato com o estímulo. Uma recordação precoce e interativa pode garantir que um estímulo sobreviva e seja sedimentado na memória de longo prazo.

Esses conceitos são absolutamente fundamentais para a compreensão de dicas e técnicas de memorização.

Veja abaixo o fluxo lógico do caminho percorrido por uma vivência que busca virar uma lembrança:

VIVÊNCIA → ATENÇÃO → RELEVÂNCIA → CONSOLIDAÇÃO
→ ORGANIZAÇÃO DA INFORMAÇÃO

A evocação

A fase de evocação é bem distinta da fase de fixação. Nela, a pessoa resgata uma memória a partir de uma associação mental, um gatilho. A evocação pode ocorrer em dois momentos bem diferentes: horas ou poucos dias depois da vivência, ainda na fase de decaimento, ancorada na proximidade temporal; ou semanas, meses ou anos após a vivência. Neste último caso, a memória já foi bem consolidada e saiu do processo de consolidação inicial. São processos distintos e dependem de estruturas distintas. A evocação precoce pode ser feita mesmo para coisas que não consideramos tão relevantes. Por exemplo, hoje eu consigo me lembrar relativamente bem dos meus afazeres de ontem e de anteontem, mesmo os cotidianos (claro que com algum esforço e fazendo *links* mentais). O ato de evocar essas memórias as fortalece e as chances de ocorrer uma fixação mais intensa aumentam (teoria do resgate precoce: segunda janela de oportunidade). No entanto, se eu quiser evocá-las meses depois, isso vai depender de outras estruturas e certamente me lembrarei apenas de acontecimentos mais marcantes e de determinados eventos.

O tempo deixa as memórias menos claras e cada vez mais focadas nos eventos-chaves. Certa vez, assisti a uma animação no cinema com minha filha de 2 anos. Logo que saí do cinema, eu tinha a história toda na cabeça e conseguiria descrever as cenas com detalhes, me lembrando claramente da voz dos dubladores, de boa parte dos *trailers* que antecederam o filme, do preço da pipoca doce (que foi cara, mas que estava muito gostosa). Depois de uma semana, minha vivência foi editada. Parte daquela memória de curto prazo se perdeu e eu me lembrava de uma ou outra cena muito importante, do resumo da história e da impressão de que minha filha tinha gostado daquela experiência. Um mês depois, eu me lembrava do personagem principal e vagamente do filme, que se tratava de uma aventura, com muitas cores e tal. A impressão de que as pessoas estavam felizes e de que a pipoca estava boa se mantinha como pano de fundo. Depois de um ano, eu seria capaz de assistir à animação de novo na TV sem saber que já a tinha visto. Isso é decaimento; se eu tivesse resgatado a memória no caminho talvez não a tivesse perdido tanto. O curioso é que, ao provar uma pipoca parecida, o rosto da minha filha me vem à mente junto com o nome da tal animação. Então acho que não perdi tanto com o esquecimento. O mais importante ficou, que é o que tinha que ficar.

O cérebro se apegou ao emocionalmente relevante e ancorou a memória mais nítida e perfeita ao gatilho do paladar/olfato, às sensações antigas e com um profundo substrato sentimental.

A evocação se baseia em um sistema complexo de busca. Pensamos em algo que nos leva a outra coisa, depois a outra, e por aí vai. Toda evocação é associativa, como um Google biológico ou uma ponta solta que aciona a informação de forma rápida e oportuna. Por isso, é fundamental deixar o caminho definido no ato da fixação. A organização inicial da informação é um dos principais determinantes da boa evocação.

Outro complicador da evocação é o desequilíbrio emocional, pois é muito comum que o estresse e a ansiedade limitem nosso acesso às memórias já consolidadas. Quem nunca teve o famoso "branco"? É comum perdermos transitoriamente o acesso a uma informação que temos certeza que está dentro da nossa cabeça. Acontece em momentos de ansiedade e tensão emocional.

Passado o nervosismo, a informação aparece, geralmente quando Inês já está morta.

A evocação inadequada explica boa parte dos problemas benignos de memória que apresentamos no dia a dia. Muitas vezes, dizemos que a nossa memória está ruim por problemas de rastreamento e evocação. Nos queixamos de falta de acesso a uma informação que está na nossa cabeça. Quando estamos cansados, estressados, ansiosos ou depressivos, podem ocorrer transtornos desse tipo. Por exemplo, se eu encontrar uma pessoa conhecida, pode ser que, em um primeiro momento, não me lembre do nome dela nem de onde a conheci. Enquanto aquela situação de constrangimento paira, eu vou dando respostas inespecíficas e fazendo perguntas gerais, tentando pescar qualquer pista de alguma memória que me conecte àquela pessoa. Como vão as coisas? E o pessoal lá, como estão todos? Continua na correria? Bom te ver, hein? Quanto tempo! Eis que, ao me despedir e a pessoa virar as costas depois de termos uma conversa meio sem pé nem cabeça, vem tudo à mente, até o R.G. da dita cuja!

Nesses casos, ficamos frustrados e com a impressão de que nossa memória não é mais a mesma, que ela nos traiu e que estamos mais esquecidos. Na verdade, esse é um problema específico de rastreamento e evocação, uma versão muito mais benigna de amnésia do que a verdadeira não fixação de uma nova memória. Quem faz essa evocação são estruturas do lobo frontal e até mesmo algumas do lobo temporal. Podemos buscar associações por similaridade, formato, sonoridade, e por aí vai. Ao encontrar a pessoa em questão, a primeira sensação é de familiaridade, uma espécie de *déjà vu*, e aí uma busca frenética por um nome e uma história se inicia. Eu rastreio rosto, tom da voz, maneira de se vestir, gestos, enfim, o cérebro tenta de tudo. Lanço perguntas para pinçar um terceiro nome, um local familiar, uma época da vida etc. Na falha de tudo isso, dá-lhe mais cortisol, adrenalina e constrangimento. Quase sempre é uma questão de tempo e, minutos depois, vem o nome da pessoa, o nome da música que você achou que tinha esquecido, a senha antes inacessível, a resposta da prova de geografia etc.

O lapso na evocação muitas vezes é fruto de problemas de estilo de vida ou de disfunções transitórias, tais como: pressão emocional, falta de tempo, sobrecarga de tarefas, privação de sono, problemas hormonais, excesso de cobrança, uso de medicamentos, entre outros. Diferentemente da amnésia verdadeira (que não permite fixar a informação), evocar mal de vez em quando é um problema que geralmente melhora muito com técnicas de organização da informação, ajuste de hábitos e controle emocional, pois pressupõe normalidade das vias de consolidação da memória.

Agora, como saber se esqueço uma informação porque não gravo ou porque não evoco? Isso não é tão difícil assim. Um médico neurologista, por exemplo, sempre vai verificar essas duas possibilidades com um teste de memorização. Vou dar a você cinco palavras novas e desconectadas e pedir para que as memorize em trinta segundos. Depois, peço para você fazer outras coisas, outros testes, e conversar sobre outros assuntos. Passados alguns minutos de distração, eu cobro a lembrança (isso é muito importante, pois você poderia usar a sua concentração para repetir mentalmente as cinco palavras repetidas vezes até eu perguntar). Vamos supor que você lembrou bola, menino, chapéu e lápis (tendo omitido a palavra cadeira). Esqueceu uma, certo? Mas será que ela foi fixada e não evocada ou nem foi fixada? Nesse caso, o médico tentará fazer você recuperá-la com uma dica, como: "Começa com a letra C". Aí você diz de uma vez: "Cadeira!" Interpretação: a informação está lá, mas o acesso está difícil. Ela foi acessada com uma dica, logo o problema está no rastreamento e na evocação. Uma pessoa verdadeiramente amnésica não lembraria com uma dica, a não ser com um chute improvável.

A diferença está em não encontrar a bola de beisebol em um quarto bagunçado (lembra dessa bola?) e não ter bola nenhuma dentro do quarto.

O caminho da memória no cérebro

Antes de seguir para o próximo nível de análise da logística da memorização, precisamos discutir alguns conceitos de anatomia e função do cérebro humano. Isso é fundamental para alinharmos algumas expressões anatômicas que serão recorrentes nos capítulos seguintes. Para não ficar muito maçante e nem muito difícil, vou traçar a anatomia básica explicando os caminhos de uma lembrança em formação. Perceba como o cérebro se engaja como um todo na árdua missão de estabelecer uma boa memória.

Usaremos como referência a imagem da página seguinte, que mostra a divisão do cérebro em partes chamadas lobos. Vamos ao nosso exemplo prático.

O processo de memorização

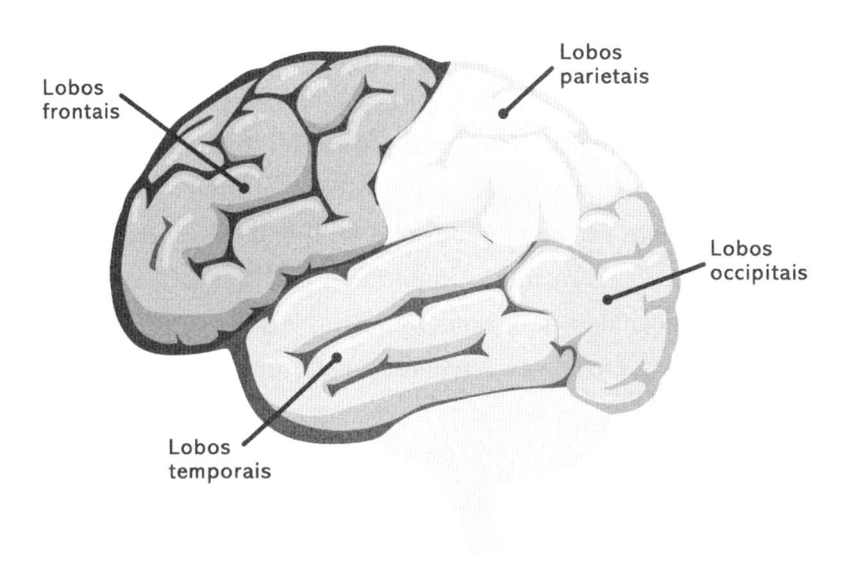

A divisão do cérebro em lobos.

Vou memorizar uma paisagem enquanto escuto uma melodia. A percepção entra por via visual (imagem) e auditiva (som). Minha retina é o receptor visual, transformando percepções de luz em impulsos elétricos que serão conduzidos ao cérebro. A entrada visual estimula os lobos occipitais (mais posteriores), onde será decodificada e reconstruída na forma que observamos. Por sua vez, o receptor auditivo é a cóclea, uma parte do ouvido interno capaz de codificar as ondas sonoras em estímulos elétricos e conduzi-los também ao cérebro. A entrada auditiva ocorre nos lobos temporais (nas laterais). Nesse momento, entram em ação os lobos frontais (na frente) e parietais (mais ao topo), nos quais funcionam a atenção e a integração dos sentidos em questão.

O processo de percepção se alinha ao processo de atenção: o cérebro percebe que algo diferente está acontecendo lá fora, que existe uma paisagem e uma melodia que talvez mereçam a chance de ser imortalizadas (memorizadas). Esse processo de atribuição de relevância, impacto emocional e comparação com memórias antigas é feito logo a seguir, por estruturas profundas dispostas principalmente no interior do lobo temporal. Essas estruturas formam um circuito muito importante para a nossa memória episódica, chamado de sistema límbico. Nesse circuito, que integra diversas estruturas cerebrais, existe uma estrutura-chave muito importante, chamada de hipocampo. Os hipocampos (são dois, um de cada lado do cérebro) são fundamentais para manter uma memória patente de curto prazo (por horas), e essenciais para promovê-la a memória de longo prazo (de horas a anos). Além disso, eles também são essenciais para evocar memórias de curto prazo e de longo prazo na fase de consolidação, não sendo tão relevantes para evocar memórias já fortemente consolidadas a longo prazo.

Eis aqui um conceito indispensável na ciência da memória: os hipocampos são fundamentais para fixar novas memórias e evocar memórias em formação, mas não participam tanto da evocação de memórias de longo prazo. Isso explica algumas coisas.

Vamos considerar uma pessoa que sofreu um acidente e machucou os dois lobos temporais. O que ocorre com ela depois? Ela desenvolve uma amnésia (dificuldade de fixar novas memórias) de padrão chamado anterógrado (do acidente para a frente). Além disso, ela pode esquecer algumas coisas que ocorreram um pouco antes do acidente (amnésia retrógrada), geralmente de dias a semanas (pois ela perde a capacidade de evocar memórias recentes, ainda pouco consolidadas). Agora, a pessoa em questão se lembra bem de coisas mais antigas, como sua história de vida, infância, o nome dos pais, profissão etc. Isso também é notado em pacientes com Alzheimer em fase inicial ou intermediária: o paciente se lembra bem do passado (memórias independentes do lobo temporal) e não fixa memórias novas nem se recorda de eventos recentes do seu dia a dia.

O cérebro não armazena a memória de longo prazo em um arquivo, mas sim de forma espalhada pelo córtex (camada mais superficial, rica em neurônios), que está muito mais protegido contra lesões. Quando a memória é consolidada para utilização a longo prazo, ela se fortalece na região em que foi sentida. Ou seja, quando nos lembrarmos da paisagem, ativaremos a rede neural acionada na primeira exposição.

Isso tudo pode ainda parecer muito complicado neste momento, mas vai melhorar. Tenha paciência e fé.

Por fim, meses ou anos depois, quando escutarmos a melodia, o processo de evocação vai entrar em cena, fazendo-nos lembrar da paisagem, do cheiro, das cores e das emoções. Essa evocação terá um limiar (uma intensidade mínima para resgatar a lembrança), gatilhos (a música, por exemplo) e poderá, inclusive, gerar sentimentos, em uma complexa integração neurológica, como em um efeito dominó. Perceba como o cérebro se engaja e se compromete como um todo.

A PERCEPÇÃO DA VIVÊNCIA E A ATENÇÃO

Iniciaremos agora uma análise mais minuciosa de cada segmento do processo de memorização para entender seus ruídos e distorções.

Um estímulo do meio externo, uma sensação corporal interna, um pensamento ou mesmo um sonho são todos vivências que impactam, de alguma maneira, nosso cérebro. Temos sensores que percebem, total ou parcialmente, acontecimentos ao nosso redor e dentro de nós mesmos. Para a percepção do mundo, somos dotados de seis sentidos básicos: visão, audição, tato, paladar, olfato e sistema labiríntico. Todos esses sensores apresentam uma faixa de sensibilidade (um limiar mínimo e máximo de percepção) e uma especificidade (um estímulo a ser identificado).

O MUNDO REAL E O MUNDO CEREBRAL

Aqui vale mais uma divagação mental. O mundo que percebemos não é real, é apenas uma versão editada e direcionada do nosso cérebro. Temos uma ideia do que acontece, nos baseando naquilo que nos é apresentado, percebido e captado por nossos limitados receptores. Não percebemos grande parte das ocorrências, pois trabalhamos dentro de uma estrita faixa de percepção humana. Muita coisa escapa aos nossos receptores padrões – sons mais baixos, nuances visuais, diversos odores, gostos etc. O que diria um cão farejador do nosso olfato? Ou uma águia da nossa visão? Uma coruja se espantaria como enxergamos mal à noite e um morcego não imagina um mundo sem um sonar. Não temos receptores para percepção de calor à distância, não sentimos ondas eletromagnéticas e nem a energia polarizada de um ímã. Não vemos o vento, não percebemos dois pontos próximos tocados nas nossas costas ao mesmo tempo, não notamos nossos vasos pulsando (pelo menos não fora de uma crise de enxaqueca) etc. O mundo lá fora é diferente do mundo aqui dentro. O cérebro adapta, classifica, conserta, distorce e apronta várias sem a gente perceber.

Exemplos claros disso são as ilusões de óptica e a dor em um membro amputado (membro fantasma). A representação cerebral de algo se torna a verdade sobre tal.

Não reconhecer que nossos sentidos nos traem a todo momento é não admitir que nossa mente é falível e capaz de nos gerar falsas certezas. E isso é muito mais complexo do que a distorção meramente sensorial.

Nossa visão de mundo é alterada por prismas culturais, religiosos, familiares, por projeções e expectativas, por memórias antigas, por traumas e frustrações. Entender essas constantes influências nos leva a admitir a visão do outro, nos confronta com uma possibilidade inicialmente remota de o outro estar certo, nos torna mais flexíveis, amistosos e humildes. Se uma mera ilusão de óptica me engana, imagine uma junção complexa de fatores que leva a uma tomada de decisão?

Somos escravos do que nos é apresentado. Vejo muitas pessoas julgando outras baseadas em fotos, relatos, trechos de conversa e por aí vai. Mostram-se críticas e donas de uma verdade dura, fria e fantasiosa, capazes de um ato de pedantismo intelectual de quem não admite a própria limitação para julgar determinada situação. Nós medimos sempre com a nossa régua, pesamos com a nossa balança e raramente exercemos a nobre arte de nos colocar, verdadeiramente, no lugar do outro, ou mesmo no nosso lugar.

Diante de situações críticas, precisamos nos policiar para olhar de novo, mas com outros olhos. Duvide da certeza como você duvida de um mágico que levita na sua frente, pois seus sentidos podem enganá-lo.

É interessante notar que, se a percepção é uma versão da realidade, a memória seria a versão da versão, uma vez que é modificada ativamente pelo cérebro tanto na fixação como em cada evocação. Quem explorou com brilhantismo esse conceito de versão da realidade e aprisionamento conceitual (ou seja, dentro da sua realidade pessoal) foi Platão, com sua mundialmente famosa alegoria da caverna.

Nela, pessoas acorrentadas dentro de uma caverna vivem de costas para a entrada e de frente para uma parede. Atrás delas existe uma fogueira que projeta na parede sombras de alguma atividade humana. Para essas pessoas, a vida é contemplar as sombras de parte da realidade, que obviamente não chegam nem perto da verdadeira realidade. Sem meios de comparação, elas ficam limitadas e acreditam piamente que sabem o que acontece na natureza, através de expressões de sombras móveis e distorcidas.

Mas, um belo dia, uma delas se liberta e, movida por curiosidade, resolve mudar o comportamento e explorar o que existe além daquela parede com sombras. Ela sente medo, corre riscos, mas se vira e se dirige para a entrada da caverna (que, nesse momento, é a saída). Sua saída é marcada por surpresa e perplexidade. Com a visão inicialmente ofuscada pelo sol, ela percebe rapidamente que vivia em um mundo de ilusões, e que o que vê agora tem muito mais cor, brilho, movimento e vida. Observa árvores, animais, seres humanos, tridimensionalidade, um horizonte interminável... coisas muito diferentes daquelas a que estava acostumada.

Estava enfim em contado com a *realidade*. Não! Pois sabemos, cá entre nós, que isso também não é realidade, como discutimos anteriormente. Mas que houve um grande *upgrade* da vivência de dentro da caverna, claro que houve.

Imaginemos agora que essa pessoa retorne para o interior da caverna e conte tudo que encontrou fora. Seria possível fazer aqueles que estão acostumados apenas com sombras e escuridão acreditarem na luz? Possivelmente não.

Por mais que nos identifiquemos com o homem que saiu da caverna, muitas vezes nos comportamos como os outros acorrentados, crendo mais no mundo sensorial do que no mundo inteligível, no mundo filosófico, na concepção abstrata do próprio saber. Sair da caverna é nossa obrigação diária, contínua. É preciso mudar nossos paradigmas e convicções sensoriais em prol de uma experiência alternativa mais reveladora. Não é possível sair da caverna sem correr riscos, sem ter curiosidade e flexibilidade mental. E, mesmo que a gente saia, ainda será necessário se acostumar com a cegueira inicial, e será preciso ter paciência, esfregar os olhos, respirar fundo, refletir e talvez voltar para a caverna para convencer alguém. E não será uma tarefa fácil, pois os outros podem estar refratários a novas realidades, apegados a suas percepções sensoriais ou ao seu modo de ver a vida.

Agora, proponho um último exercício mental. Imagine que sejamos um dos acorrentados recebendo alguém de fora da caverna. Será que nossa postura seria de acolhimento ou de descrença? Será possível sair apenas mentalmente de lá, continuando fisicamente acorrentado dentro dela? Será que devemos acreditar em alguém que diz que veio de fora e conhece determinada verdade? A isso não sei responder. Mas sei que devemos dar ouvidos e dedicar parte de nossa reflexão a muitas coisas que vão além do nosso sensorial, além da nossa verdade aprendida e vivida, pois senão continuaremos mentalmente acorrentados, vivendo um mundo menor que o mundo potencial.

A própria fé religiosa é um exemplo de um tipo de saída mental da caverna. Alguém conta a você sobre uma realidade imaginável, possível no mundo das ideias, mas não vivenciável naquele momento. Sua crença nascerá como fruto dessa reflexão e interação.

A atenção

A todo segundo, os órgãos de sentido levam ao cérebro uma infinidade de estímulos. Somos bombardeados contínua e ininterruptamente por informações relevantes e por outras que não têm a menor importância.

Neste momento, surge um fantástico sistema de triagem: a atenção. Ela não é nada mais que um filtro capaz de direcionar nosso foco para as informações aparentemente mais importantes naquele instante. Uma analogia elegante é imaginar nossa mente como um grande palco, repleto de atores, cenários e detalhes. A atenção seria aquele tradicional foco de luz vindo de um canhão, direcionando o brilho e o protagonismo circunstancial para um determinado espaço, apagando as informações menos relevantes. Para um espectador em uma sala escura, o canhão delimita o que deve e pode ser visto, sendo que o resto da experiência continua lá, mas fora do alcance da percepção sensorial. Às vezes, pergunto-me quem realmente comanda esse sistema: se um iluminador consciente, semiconsciente ou inconsciente. Acredito que eles se revezam nessa missão, sendo muito úteis quando precisamos fixar uma informação e garantir a presença do iluminador consciente.

Trata-se de um processo sofisticado e completamente sujeito ao erro. Grande parte dos problemas de memória deve-se a equívocos desse sistema. A atenção ideal seria destacar tudo que precisa ser percebido e memorizado e refugar para segundo plano o que é irrelevante. Não é uma tarefa fácil, pois atentar-se para algo é desatentar-se para todo o resto, um paradoxo curioso. Algumas vezes, por exemplo, somos apresentados para duas coisas interessantes ao mesmo tempo, tendo o cérebro que optar por perder uma delas. Outro problema é que, às vezes, o estímulo importante é sutil, tímido, sem muita vida e precisa competir com um estímulo irrelevante, porém intenso, destoante e vivo, que acaba roubando a cena.

Uma boa atenção demanda tempo, necessita que os estímulos sejam apresentados de forma organizada, precisa de clareza no grau de prioridade, exige um cérebro treinado e descansado, enfim, carece de atributos nem sempre garantidos na vida moderna.

Atentar é escolher. Imagine nossos receptores como instrumentos ligados a uma grande mesa de som (a esta altura do livro, você já percebeu que eu adoro analogias). Prestar atenção seria como regular os volumes nessa grande mesa. Aumentar o volume do piano e abaixar o violão, o teclado, a voz e a bateria seria atentar-se para o piano. Mas é importante frisar que o som dos outros instrumentos não fica zerado, nulo, ele fica bem baixinho e quase imperceptível.

Imagine-se fazendo uma prova importante. Você está bem concentrado nas questões e no tempo de realização. Seu cérebro automaticamente se desconecta do ambiente e abaixa o volume de boa parte dos receptores. Você fica hipervígil para aspectos relacionados à prova em si e bastante distante de fenômenos ambientais e percepções internas. De repente, você anula a percepção consciente do ruído do ventilador da parede ao seu lado, e ele inexiste na sua mente. Mas é interessante perceber que o cérebro faz um esforço para garantir isso – tanto que, se alguém desligar o ventilador, você é tomado por uma sensação estranha de alívio momentâneo, lembrando que o ventilador estava ali o tempo todo. Esse evento neurológico é curioso: alguém reduz um estímulo e, paradoxalmente, chama sua atenção para ele.

Compreender e otimizar a atenção é essencial para quem busca ampliar o rendimento de forma qualitativa. Um ponto importante é saber o que se deve manter em primeiro plano, pois quase sempre estamos trabalhando com mais de uma informação. Um exemplo bem comum e cotidiano disso é quando vamos ao *shopping* de carro para comprar aquele difícil presente de amigo-secreto no final do ano. Estacionamos e entramos ali pensando na compra, no custo, no estilo da pessoa, entre tantas coisas. E, quando saímos, surpresa! Perdemos o carro. A informação de onde ele foi deixado foi vivenciada, mas o primeiro plano da atenção estava ocupado por outros pensamentos, fazendo com que essa importante informação não fosse fixada como deveria. Não se atentou, não fixou. Simples assim. O erro, nesse caso, foi tirar o foco do momento vigente, deixando a memorização da vaga em um piloto automático pouco confiável. O correto seria alternar o primeiro plano, parar e vivenciar integralmente a localização do carro, fazer alguma associação mental e seguir em frente quando se estivesse seguro de que a informação foi adequadamente percebida. Isso demoraria alguns poucos e preciosos segundos.

Outra situação muito comum que exemplifica muito bem um quadro de desatenção é quando você está dirigindo para um lugar que não está acostumado e seu cérebro o leva de forma automática para sua casa ou seu trabalho, fazendo os caminhos rotineiros. Este é um erro clássico de programação eventual *versus* programação habitual. E eis aqui um conceito importante: o cérebro desatento acertará processos rotineiros e errará processos eventuais. Por isso, é muito importante ter métodos para algumas coisas, como deixar a chave do carro e a carteira em um local determinado, seguir uma certa programação lógica de afazeres, criar rituais para algumas coisas repetidas do nosso dia a dia etc. Mas cuidado: rotina em excesso também não estimula o cérebro criativo. É preciso mesclar automação cognitiva com momentos em que o cérebro é tirado de sua zona de conforto, é desafiado a fazer diferente, exercitando todo o seu poder criativo e de resolução de problemas.

Vamos para o último e emblemático exemplo dessa fase de compreensão dos mecanismos atencionais. Você passa o dia trabalhando e, finalmente, depois de uma hora no trânsito, chega ao seu prédio no começo da noite. Você sai do carro e chama o elevador. Nessa hora, sente a bexiga cheia e uma vontade intensa de ir ao banheiro. Reflete sobre seu dia e lembra que foi ao banheiro uma única vez, por volta das 10 horas da manhã. Cada segundo de espera pelo elevador se torna um sofrimento, e, quanto mais perto ele está, mais intensa é a vontade de fazer xixi. Essa é uma situação estranha, já que você estava aparentemente sem vontade antes e, de repente, tem uma urgência absurda. Pela lógica, a vontade deveria ser mais progressiva, insidiosa e arrastada no tempo. Só que a questão aqui não é sua bexiga, mas sim seu cérebro. As atividades estressantes do seu dia mantiveram a sensação de bexiga cheia inibida, sempre em segundo plano. Há muito tempo você já deveria ter ido ao banheiro, mas estava ocupado com outras urgências (menos urgentes, provavelmente). Seu cérebro o preservou do desejo consciente, deixando-o para logo mais, então surgiu outra coisa importante, e depois outra, e assim sucessivamente até você chegar ao elevador e o seu cérebro entrar em um contexto de pensamento favorável à percepção da mensagem interna até então contida. A diferença da sensação disposta em primeiro plano é gritante. Quando você está desatento, é como se estivesse quase cego para a mensagem; quando o foco é direcionado, a mensagem fica evidente e se amplifica.

Isso explica os inúmeros bolos esquecidos no forno, os acidentes de carro pelo uso do celular, as crianças deixadas no banco de trás do carro e outras tantas eventualidades possíveis quando a atenção é mal direcionada.

A função da atenção

A atenção é a porta de entrada do cérebro. Ela é um grande regulador da sensibilidade dos nossos receptores, e é anterior à memória propriamente dita. Sua falha gera boa parte dos casos de esquecimento, principalmente em jovens.

Para uma boa atenção é fundamental desenvolver três habilidades: direcionamento, sustentação e alternância.

1. Direcionamento. Direcionar a atenção é virar o holofote para um outro estímulo ou pensamento. As pessoas com dificuldade em direcionar a atenção parecem estar distantes, no mundo da lua, e nunca estão *antenadas* com alterações ambientais relevantes.

2. Sustentação. Sustentar a atenção é manter a concentração ao longo do tempo. Isso exige muita energia e esforço cerebral, evitando estímulos concorrentes e mantendo um engajamento sem perder o tônus. Eis aqui uma habilidade crítica para muita gente. Após direcionar a atenção, muitos têm dificuldade para sustentá-la. Quando começam a ler um texto, por exemplo, acabam viajando em um pensamento, tendo que voltar várias vezes na leitura. Estão assistindo a uma aula, mas desviam o foco a cada ruído ou movimentação no ambiente ao redor. São dispersos e distraídos, e acabam por não atentar para nada, pois, na verdade, atentam para tudo. A mente é sequestrada por qualquer estímulo paralelo competidor. Por isso, vale a pena repetir este conceito, que já mencionei antes: prestar atenção em algo é desviar a atenção do resto. A manutenção da concentração depende, em parte, da inibição do direcionamento. E isso é realmente difícil para estímulos pouco motivadores, monótonos e para atividades longas.

Um exemplo clássico de dificuldade de sustentação da atenção pode ser visto em algumas crianças ou mesmo adultos com TDAH (transtorno de déficit de atenção e hiperatividade). A atenção é dirigida e pouco sustentada, levando a uma franca inquietação mental e a muita dificuldade em se manter em atividades de médio e longo prazos, causando um problema de engajamento. Isso é minimizado em atividades com *feedback* rápido e de fraco interesse, como jogar *video game*, por exemplo. O que gera muita desconfiança por parte dos pais, que dizem: "Não entendo, ele não consegue se concentrar no estudo, mas apresenta muito foco no *video game*, com certeza é má vontade". Mas nem sempre é por aí. Os mecanismos da atenção são complexos e o rendimento oscila de acordo com os competidores, a motivação, a velocidade de *feedback*, entre outros fatores.

Certa vez, um casal me procurou para falar de seu filho com suspeita de TDAH: "Realmente não sabemos se ele não presta atenção em nada ou se presta atenção em absolutamente tudo. Estamos confusos. Ele parece se orientar para qualquer estímulo que se altera no ambiente, estando sempre inquieto e agitado. Ele não para em uma atividade por mais que três minutos". Eis aqui um claro exemplo de direcionamento desinibido com franca falha de sustentação, ou seja, ele tem dificuldade em desatentar de estímulos irrelevantes.

3. Alternância. O terceiro aspecto fundamental da atenção é a alternância, que alguns chamam de atenção partilhada. Não gosto desse termo, pois não acredito muito na ideia de que duas coisas são realmente feitas ao mesmo tempo pelo cérebro (pelo menos não com todo o seu aspecto consciente). Na verdade, acredito que ocorram processos alternantes de foco nos quais o cérebro direciona seu engajamento de primeiro plano ora para um, ora para outro. Com isso, resta ao segundo estímulo acionar o piloto automático, o que gera um risco maior de falhas. Usamos a atenção partilhada durante muitos momentos do nosso dia a dia: quando fazemos duas coisas ao mesmo tempo ou quando fazemos uma coisa pensando em outra. Dividir a atenção é dividir o rendimento mental. Ninguém é realmente capaz de fazer mais de uma coisa ao mesmo tempo com a mesma qualidade.

O sistema multitarefa

Às vezes, ouço: "Tal pessoa é multitarefa, dá conta de várias atividades simultâneas". Duvido! Ser multitarefa não deveria ser apenas dar conta de duas ou mais atividades, mas sim realizá-las com a mesma qualidade do que quando as realiza de forma isolada. Geralmente o que ocorre é que o engajamento em duas ou mais atividades exige automação de uma delas (ou ambas), e então essa realização fica menos criativa, mais cansativa e passível de uma taxa maior de erros. O tempo que parece otimizado (devido às duas atividades concomitantes) na verdade é até desperdiçado, pois existe perda na transição entre uma atividade e outra.

Por isso, tenha muito cuidado com essa questão de fazer duas ou mais coisas ao mesmo tempo. Esse tipo de sistema deve ser ativado apenas em situações peculiares, emergenciais ou de baixa relevância. Atualmente, muito tem se debatido sobre esse tal de *multitasking* (sistema multitarefa), mas ele me parece ser mais vilão do que mocinho. Nossa rotina de vida nos impõe o tempo como a variável mais limitante, fazendo com que rifemos nossa qualidade cognitiva para nos desdobrarmos em duas, três ou mais atividades concomitantes.

Outro aspecto que devemos tomar cuidado é a presença da interatividade, da internet *full time* na nossa vida, um contexto onde todo mundo encontra todo mundo a qualquer hora. Cercados de armadilhas para nossa atenção, ficamos invariavelmente à mercê de aplicativos, notificações, notícias de última hora, problemas cuja relevância seria muito questionável em tempos de menor facilidade de comunicação. Com um celular no bolso, estamos a um pequeno pulo do modo multitarefa (vamos agradecer à invenção do 3G). A tecnologia preencheu as lacunas do tempo e nos deixou mais constrangidos em fazer uma coisa por vez ou mesmo em não fazer nada (algo cada vez mais raro atualmente).

O modo multitarefa aumenta a percepção de estresse, nos leva a refazer algumas atividades que poderiam ser feitas de uma vez só e gera cansaço mental (que por sua vez pode gerar a famosa fadiga decisória, tema que abordarei melhor mais para a frente), sendo na maioria das vezes uma opção cognitiva infeliz.

Um exemplo dramático é o uso do celular quando se está dirigindo. Vamos discutir o que ocorre no cérebro e no ambiente que cerca nosso motorista multitarefa. Bom, lá está ele dirigindo de forma atenta, e eis que, do banco do passageiro, seu celular faz um barulho característico de uma mensagem vinda pelo WhatsApp. O cérebro, que sustentava a atenção na direção, fica tentado e entra no modo de atenção alternada ou partilhada. O motorista não consegue conter a sensação de urgência de saber quem mandou a mensagem e qual é o seu teor, observa o ambiente à frente e nota que está tudo calmo, então toma a decisão de pegar o telefone e olhar a mensagem. Nesse momento, seu lobo frontal coloca a direção em segundo plano e em modo menos consciente. Existe um tempo gasto no processo de alternância de tarefa e um tempo físico de desviar o olhar, não desprezível em uma tarefa importante como dirigir. Ao abrir a mensagem, nosso motorista lê o seguinte texto vindo de seu chefe: "Preciso falar urgentemente com você, me ligue assim que possível". Não há nada mais contemporâneo que essa mensagem urgente (que pode carregar uma informação realmente emergencial ou não, já que tudo atualmente vem com essa roupagem). Pronto, o cérebro do nosso condutor foi sequestrado, e agora está preso na mensagem por um tempo maior que o planejado. Quem olha o carro de fora percebe algumas mudanças na condução, como redução da velocidade (um reflexo normal do piloto automático distraído, em um mecanismo de proteção) e modificação no traçado. Nesse momento, uma espécie de *cegueira da distração* está operando: o cérebro está preocupado em interagir com a mensagem, ligar para o chefe ou simplesmente imaginar que tipo de urgência pode estar ocorrendo naquele momento. Pobre lobo frontal! Se o período decorrente do modo multitarefa for de trânsito tranquilo, é possível que nosso motorista passe ileso por sua irresponsabilidade, gerando um reforço positivo do comportamento e fazendo com que ele se repita em uma frequência possivelmente maior. Mas, na hipótese de algo imprevisível ocorrer no momento da cegueira da distração (que pode durar longos e preciosos segundos) – tal como uma criança atravessar correndo na frente do carro, outro veículo furar um sinal e se projetar, uma obra surgir na pista etc. –, como ficará a reação do condutor? Lenta, confusa e ineficaz, podendo causar um acidente potencialmente grave. Nesse ponto, teremos alguns fatores de mau prognóstico: redução do tempo de percepção e reação (redução do reflexo), erro de julgamento (pela redução de variáveis conhecidas), com repercussão na qualidade da tomada de decisão e ansiedade.

Claro que esse exemplo é crítico, e a ação multitarefa, nesse caso, é ilegal, mas no nosso dia a dia fazemos diversas tarefas no modo automático, sem darmos a devida atenção a elas e gerando impactos diretos no nosso rendimento intelectual.

O gerenciamento do tempo

Há alguns anos conheci a excelente obra *Os 7 hábitos das pessoas altamente eficazes*, de Stephen R. Covey. Nela, a questão do gerenciamento do tempo é abordada com simplicidade e elegância, e é nesse livro que irei me basear para refletir sobre o assunto. Esse é um tema crítico em se tratando de cognição humana e *performance* pessoal, pois é o maior limitante da vida de qualquer pessoa produtiva. Para conseguirmos tempo, é fundamental reduzir os desperdícios e aprender a determinar a prioridade de uma atividade sobre outra. Parece óbvio, mas não é. Muitas vezes, nosso processo de priorização leva em conta critérios de urgência e de necessidade iminente, fazendo com que passemos boa parte do dia resolvendo crises e problemas irrelevantes fantasiados de questões emergenciais, implicando escassez de tempo e falta de condições para investir energia em atividades realmente importantes e transformadoras, que não atingiram o critério de urgência.

Para explicar de forma mais didática, vamos dividir nossas atividades em quatro quadrantes levando em conta dois critérios relativamente objetivos: *urgência* e *importância*. Ao refletir sobre uma atividade, responda às perguntas: Isso é urgente? Isso é realmente importante para você? Assim, serão quatro classes fundamentais (nossos quadrantes), a saber:

1. Coisas importantes e urgentes (grupo 1)
2. Coisas importantes, mas não urgentes (grupo 2)
3. Coisas não importantes, mas urgentes (grupo 3)
4. Coisas não importantes e não urgentes (grupo 4)

ATIVIDADES	IMPORTANTES	NÃO IMPORTANTES
URGENTES	grupo 1	grupo 3
NÃO URGENTES	grupo 2	grupo 4

Grupo 1 (importantes e urgentes). Se algo é urgente e importante, precisa ser feito o quanto antes. Esse grupo tem um franco domínio hierárquico e só pode ser minimizado se você agir de forma preventiva. Suponha que um incêndio comece no seu andar, mas você precisa responder a alguns e-mails. Não há o que discutir; você precisa interromper tudo, levantar-se e sair correndo para um lugar mais seguro. Esse exemplo dramático mostra o grau de prioridade desse grupo. Temos várias atividades que se encaixariam nesse quadrante: provas, testes, inscrições, reuniões agendadas, problemas graves de saúde, problemas legais, eventos críticos do trabalho, questões familiares e sociais inadiáveis etc.

Uma vez diante de uma crise ou uma emergência, não resta outra opção senão agir. E essa ação claramente demanda um tempo que seria útil para atividades do grupo 2. Além disso, a resolução feita em caráter de urgência é sempre inferior em qualidade, por ser tomada de forma mais impulsiva, rápida, emocional e muitas vezes sem todos os parâmetros necessários de julgamento, levando também a uma maior percepção de estresse e fadiga mental. Seja por uma coisa, seja por outra, seria interessante passar o menor tempo possível em atividades do grupo 1. Claro que não dá para zerar grande parte desses eventos, mas o esforço para reduzir alguns já pode valer muito a pena.

Grupo 2 (importantes, mas não urgentes). Aqui, temos uma série interminável de coisas que consideramos boas para a gente (importantes), mas que não fazemos até que se tornem urgentes. Fazer um curso de outro idioma, viajar para determinado lugar, se exercitar regularmente, iniciar um determinado ajuste nutricional, aprender um instrumento, ter uma tarde livre, escrever um livro, ler um livro, aprender uma arte marcial, começar aulas de pintura, reunir os amigos a cada quinze dias, e por aí vai. São investimentos em nós, em coisas que acreditamos que nos fariam mais felizes, mais produtivos e mais completos. Não se relacionam diretamente aos resultados imediatos do nosso rendimento profissional, mas se relacionam de forma decisiva e tardia com nossos resultados globais. Inicialmente consomem tempo, dinheiro, energia, e podem trazer até culpa em alguns contextos de falta de tempo, mas geram impactos profundos que surgem na contramão do nosso imediatismo padrão que nos leva a um adoecimento crônico e, por vezes, irremediável.

Precisamos de tempo para investir nos itens do grupo 2 antes que eles se tornem urgentes. Temos que parar de fumar antes de ter problemas no pulmão, malhar antes de ter um infarto, descansar antes de adormecer em uma estrada, a lista vai longe. Merecemos um investimento preventivo, individual e prioritário. Devemos ser nossa meta número 1, pois somos o ponto de partida e de chegada de todas as realizações de nossa vida.

O grupo 2 é o calcanhar de aquiles de boa parte dos problemas de gerenciamento pessoal. Sacrificamos as atividades mais importantes da nossa vida para realizar atividades irrelevantes ou resolver as crises do grupo 1.

Grupo 3 (não importantes, mas urgentes). Aqui está grande parte do nosso desperdício de tempo, dinheiro e energia. Movidos por um senso de urgência, implantado em nós por uma sociedade doente, fazemos a todo momento coisas não importantes, mas aparentemente prioritárias. Respondemos a milhares de mensagens de texto e e-mail, atendemos telefonemas inúteis, recebemos representantes comerciais, agendamos reuniões dispensáveis, nos atualizamos com pseudoinformações irrelevantes, nos envolvemos pessoalmente em atividades que poderiam ser delegadas a outros, centralizamos processos que poderiam ocorrer de forma mais automática e periférica, e assim por diante. Somos continuamente interrompidos por questões de baixa relevância que chegam até nós como questões de baixo consumo de tempo (e não são) e de necessidade de resolução rápida ou imediata (o que também não são).

Grupo 4 (não importantes e não urgentes). Esse grupo abrange atividades sem a mínima prioridade e sem relevância. Frequentemente nos envolvemos com atividades desse tipo, que não agregam muito à nossa formação e também não nos dão prazer algum, mas que fazemos por influência de alguém, por obrigações sociais, por dificuldade em dizer não, por simples hábito ou por qualquer outro motivo dissociado de seu ganho pessoal.

Cortar atividades dos grupos 3 e 4 e minimizar a ocorrência das atividades do grupo 1 é a principal estratégia para ampliar o rendimento do carente e negligenciado grupo 2. Por fim, o investimento no grupo 2 é a única medida capaz de melhorar sua *performance* e seu poder de resolução em qualquer um dos quatro grupos apresentados.

Gosto muito dessa divisão de atividades, mesmo sabendo que é um modelo simplista e teórico e que erros de julgamento de categoria sempre existirão. Até porque as atividades da nossa vida não são do tipo "tudo ou nada" (dicotômicas): importantes ou não, urgentes ou não, e sim apresentam múltiplas características espectrais, e que podem flutuar de acordo com determinado contexto.

Existe uma tendência inata no ser humano a dar atenção para as atividades urgentes (grupo 1 e grupo 3). Na fila de atividades necessárias, tendemos a resolver o que exige rapidez e deixar o resto para fazer depois, com calma. O problema é que nem sempre existe esse *depois*. Com isso, adiamos eternamente questões importantes e não urgentes (grupo 2). Aqui está o maior erro do gerenciamento pessoal de tempo. O grupo 2 é, quase sempre, mais prioritário que o grupo 3. Mas nós os confundimos, pois achamos que urgência é sinal de importância – e não é, é só sinal de pressa.

Cada um classifica como urgente ou importante aquilo que lhe convém. Mas esses dois são conceitos bem diferentes. Importantes são os eventos que fazem a diferença no nosso rendimento pessoal, escolar, profissional, social, que nos dão a percepção de produtividade, alegria e felicidade pessoal. Por isso, cada um tem sua própria lista e seus quadrantes. Muita gente atrasa projetos que amplificariam sua *performance* global e seus ganhos em prol de atividades de impacto apenas imediato e por vezes até questionáveis.

Lembra-se da história da galinha dos ovos de ouro? Muitas pessoas atribuem mais importância aos ovos do que à galinha. É óbvio que o ovo é precioso, tem valor comercial e traz muita riqueza ao seu portador. Mas o bem maior é sem dúvida a galinha, pois ela é a fábrica dessas preciosidades. Dar importância exagerada ao produto em relação à estrutura que lhe deu origem é um erro primário que cometemos todo santo dia. Muitas vezes, matamos a galinha para retirar seu ovo de ouro. E geramos um sistema de produção insustentável.

Nessa analogia, você é a galinha. Seus frutos (ovos de ouro) são suas realizações nas diversas esferas de atuação (social, familiar, escolar, profissional etc.). Você é prioridade, e ponto final.

Para produzir bem, cada vez melhor e sempre, precisa investir em você, estar bem com você, saudável, feliz, descansado, ampliando seu potencial pessoal, se aprimorando, enfim. Para isso, talvez você tenha que sacrificar alguns ovos, e isso trará algum sofrimento nesse momento, mas será determinante no médio e longo prazos. Querer produzir os ovos a qualquer custo é quase sempre sacrificar a galinha. Essa é uma reflexão pertinente neste ponto do texto, em que estamos falando sobre gerenciamento do tempo, pois trocar coisas urgentes e não importantes (grupo 3) por coisas importantes e não urgentes (grupo 2) é, na verdade, cuidar da galinha ao invés dos ovos. Logo seguiremos para alguns exemplos práticos da teoria dos quatro quadrantes.

Mas, antes disso, me lembrei de uma conversa recente que tive com uma paciente no consultório. Tratava-se de uma moça com cerca de 36 anos, com um bom cargo no departamento de *marketing* de uma multinacional, dois filhos (de 5 e 8 anos), casada e com uma vida estruturada. No entanto, ela se queixava do seu rendimento cognitivo (andava esquecida, pouco criativa e fatigada) e emocional (estava melancólica, pessimista e com dificuldade em sentir prazer). Depois de muita conversa, perguntei quais eram as coisas mais importantes na sua vida, suas prioridades. Ela respondeu:

— Meus filhos, sem dúvida, em primeiro lugar. Depois, meu trabalho, meu marido, deixa eu pensar...

Nessa hora, eu interrompi e comentei:

— Seu trabalho vem antes do seu marido?

Ela brincou, com um sorriso no rosto.

— Você não sabe como está difícil arrumar trabalho ultimamente.

Nesse momento, eu pensei: ela só citou ovos. Só elencou os frutos do seu rendimento de vida. A ordem pouco importava, mas a prioridade deveria ser a galinha. Ela deveria se priorizar. Somos treinados a pensar que nossos resultados são mais importantes que nosso potencial. Somos ensinados a colocar prioridades de terceiros na frente da nossa única obrigação, que seria ficar bem com nós mesmos. Claro que uma mãe ama seus filhos, é lógico que devemos nos dedicar ao trabalho, é evidente que um membro de um casal deve se preocupar com o outro, mas a produtividade sustentável é fruto direto da sua qualidade individual de vida. Só há uma coisa que une todos os itens da lista: você. Se você investir em si, será automaticamente uma mãe ou pai, uma/um profissional e uma esposa ou marido melhor. Pois boas galinhas botam bons ovos.

Vejo muita gente se arrebentando física e emocionalmente por não priorizar seu desenvolvimento pessoal, suas metas de médio e longo prazos, passando boa parte do dia correndo atrás do próprio rabo e resolvendo apenas problemas imediatos.

Gerando tempo

Gerenciar o tempo e gerar tempo são conceitos diferentes, mas complementares. É muito difícil gerenciar aquilo que não se tem. Quanto mais tempo *livre*, mais fácil será organizar a vida e fazer escolhas. O conceito de tempo é proporcional ao número de obrigações e atividades que você assume durante sua vida. Por isso, é fundamental desenvolver atitudes que reduzam a sobrecarga desse sistema. Os três conceitos fundamentais na geração de tempo são: o poder do não, a automação e a descentralização.

O poder do *não*

Aprender a dizer *não* é o primeiro passo para dizer *sim* às coisas realmente importantes. Quem não sabe recusar perde uma fantástica oportunidade de melhorar a *performance* cognitiva. Muitas pessoas acham que têm uma obrigação velada de aceitar todo e qualquer pedido de ajuda que chegar até elas, o que as faz acumular funções, tarefas, papéis sociais e familiares, realizando tudo de forma apressada e desgastante. Recusar projetos e tarefas é uma questão de sobrevivência, principalmente se você é bom naquilo que faz, pois ninguém pede nada para alguém que tem tempo (o fato de a pessoa não ter tempo já é um sinal de competência e *expertise* em determinado assunto). A recusa é sinal de saúde, de prioridades, de hierarquia logística. É sinal de que, quando você aceitar algo, o fará com toda a sua dedicação e energia mental, o colocará em primeiro plano. A qualidade do seu *não* qualifica o seu *sim*.

Automação e soluções de médio prazo

Fazemos algumas coisas rotineiras que talvez não sejam assim tão necessárias, e vemos parte do nosso tempo escoando pelo ralo por falta de uma resolução mais definitiva. Por exemplo, se pagarmos todas as contas no banco perderemos um tempo precioso com o trânsito, filas, burocracias etc. Pagá-las no *internet banking* poderia ser uma saída, mas não temos à mão a maldita cartela de senhas, um *token* ou mesmo não conseguimos instalar o tal do programa de proteção. Resolver o problema provavelmente demanda um tempo inferior a uma ida ao banco, mas procrastinamos a resolução devido à inércia e à facilidade de manter nossa rotina. Por outro lado, pagar no *internet banking* também consome um pouco de tempo, além do que esquecer de pagar algumas contas básicas pode gerar atraso e a exigência de um pagamento presencial. Então que tal colocar tudo em débito automático? Esse é apenas um exemplo de um processo de automação, ou de uma resolução cíclica que gera um ganho a curto e principalmente a longo prazo na busca pelo tempo. São infinitas as situações que resolvemos apenas a curto prazo: levamos o carro para abastecer, já na reserva, e colocamos apenas 10 reais; nos matriculamos em uma academia longe de casa; vamos ao mercado a cada três dias; checamos a caixa de e-mail a cada hora, e por aí vai. O processo de automatizar e resolver de forma mais duradoura problemas recorrentes é um dos pilares do ganho de tempo. Que tal fazer aquele crachá, ajeitar aquela senha, arrumar definitivamente o *notebook* e comprar aquela agenda? Investir em coisas que economizarão seu tempo no longo prazo significa otimizar as ferramentas pessoais de resolução.

Descentralização

Este é o terceiro pilar do ganho de tempo. Muitas coisas passam pela gente sem necessidade. Aprender a terceirizar, a delegar atividades que não exigem a sua presença e a sua interação presencial é uma fonte importante de tempo. Muitas vezes, queremos ter o controle de tudo, mesmo de aspectos pouco relevantes ou questões cotidianas. Nos consideramos insubstituíveis e nos obrigamos a participar de todas as decisões do trabalho e até da administração de outros itens da nossa vida pessoal. Primeiramente, é fundamental desenvolver um senso de equipe adequado, trabalhar a confiança no outro e a necessidade de você se desonerar de responsabilidades e obrigações que não necessitam especificamente de você.

O primeiro passo é, sem dúvida, se cercar de pessoas com quem você pode contar, tanto no quesito honestidade como no da eficiência. Com o tempo, você terá ganhos múltiplos com a descentralização, e verá que as coisas podem ser resolvidas de um jeito ou de outro, que as pessoas que o rodeiam podem responder muito positivamente ao acúmulo de responsabilidade. Vai perceber que gerenciar o resultado de longe é muito mais fácil que se empenhar e se engajar presencialmente, criando condições de investir em outros aspectos profundamente dependentes do seu envolvimento individual.

É importante reafirmar que esse conceito é abrangente, valendo tanto para um grande empresário como para uma dona de casa. Se todos arrumarem as suas próprias camas, retirarem seus pratos da mesa, lavarem seus copos, organizarem suas roupas e perdurarem suas toalhas, por exemplo, quanto do trabalho cotidiano de uma única pessoa poderia ser atenuado e quanto de seu tempo poderia ser mais bem aproveitado? A descentralização provoca mudanças pequenas e difusas na periferia, mas prova um grande impacto no centro.

Retornaremos agora ao processo de atenção.

Melhorando a atenção: da teoria à prática

Manter um bom processo de atenção (direcionar/manter a atenção) significa meio caminho andado para uma memorização eficaz. Agora, vamos sair um pouco dos aspectos teóricos e partir para aspectos práticos na amplificação dessa capacidade. Sugiro que nesta parte do texto você reflita sobre cada item no contexto da sua vida cotidiana, pontuando de forma objetiva o que você cumpre com perfeição e aquilo em que você deixa a desejar, criando mecanismos de ajuste de hábitos e ritmo de vida.

COMO AJUDAR SEU CÉREBRO A TER UMA BOA ATENÇÃO
Fazer uma coisa de cada vez
Cuidar dos ambientes
Estar descansado
Destacar estímulos importantes
Tratar depressão e ansiedade
Tomar cuidado com álcool, drogas e medicamentos
Avaliar a possibilidade de ter TDAH

Faça uma coisa de cada vez

Já falamos sobre o desastre do modo multitarefa, então nada mais justo do que começar a fazer uma coisa de cada vez. Nossa vida moderna pode ser comparada àqueles malabaristas de antigamente que rodavam pratos dispostos em cima de longos bastões colocados no chão (lembra deles?) O cara tinha que correr de um lado para o outro para acudir um prato prestes a cair. Estamos continuamente resolvendo problemas e equilibrando um número cada vez maior de pratos. Obviamente, quanto mais pratos, maior o risco de um deles se espatifar no chão. Essa é a falha, o lapso, o serviço mal feito. Nosso cérebro consegue lidar com segurança com apenas um prato; os outros ficarão rodando de forma automática. Se um ameaçar cair, teremos que largar o seguro e ir atrás do instável, em um ciclo perigoso e estressante.

Essa é, sem dúvida, uma das principais causas de desatenção e dificuldade de memorização nos dias de hoje. Muitas vezes, vemos pessoas estudando e ouvindo música, trabalhando e de olho na TV, jantando e mexendo no celular etc. A busca de ganho quantitativo torna as experiências qualitativamente inferiores.

É interessante que, às vezes, estamos fazendo apenas uma atividade, mas nossa mente está vagando por pensamentos, lembranças ou até previsões de um momento seguinte, e isso também tira nosso foco e reduz nossa concentração. Por isso, quando estamos passando por uma determinada fase da vida em que temos alguma preocupação intensa, com pensamentos intrusivos e recorrentes girando sobre o mesmo assunto, acabamos comprometendo nossa capacidade de memorização, raciocínio e criatividade. Essa competição interna também nos coloca no modo multitarefa, pois nosso cérebro tende a querer resolver (ou só remoer) os dilemas durante as outras atividades, mesmo que elas não tenham nada a ver com o problema.

Pessoas mais ansiosas possuem uma dificuldade adicional, pois frequentemente reverberam suas preocupações excessivas e se desconectam com facilidade do tempo presente (voltaremos a isso depois).

Cuide dos ambientes

Outro erro muito comum é tentar realizar atividades que exigem concentração em ambientes caóticos. Já falamos que a atenção é um grande e dinâmico filtro de vivências; sendo assim, quanto menor a quantidade de estímulos, mais fácil será essa triagem. Se você cooperar com o seu cérebro, gerará menor consumo energético, reduzindo a fadiga mental e o estresse e minimizando a taxa de erros.

Para a maioria das atividades que exigem concentração contínua, é recomendado um ambiente organizado, com baixo nível de ruído, decoração leve e *clean* (cores suaves, poucos móveis), iluminação adequada, mesas limpas, temperatura controlada, utensílios de uso regular acessíveis etc. Tudo isso ajuda o cérebro a se manter focado, apto a perceber o estímulo que destoa e a reduzi-lo quando existir alguma chance de dispersão.

Fazer seu cérebro atuar em um ambiente desfavorável é como colocar um craque para jogar descalço em um campinho de terra todo esburacado, com uma bola murcha ainda por cima. Claro que ele dará um jeito de fazer o melhor, já que tem talento para isso, mas esse definitivamente não é o melhor cenário para um bom rendimento.

O cuidado com o ambiente é um item de primeira necessidade, principalmente para estudantes. Além de saber como estudar, o que estudar e quanto estudar, é essencial pensar onde estudar. A presença de distratores (reais ou potenciais) e competidores sensoriais (ruído, bagunça, interrupções, calor etc.) pode causar o desperdício de boa parte do tempo ou gerar um cansaço mental precoce, com franco comprometimento da aquisição de conhecimento.

O ambiente impacta a nossa mente quase na mesma proporção que nossa mente impacta o ambiente. Trata-se de um contínuo de captação e intervenção. Muitas vezes, recebemos o caos que provocamos. Nossos ambientes frequentemente refletem nossa desorganização mental, sendo mais consequência do que causa do nosso desconforto. Aliás, eles talvez gerem desconforto por nos mostrar, tal qual um espelho emocional, como está nosso interior.

A LAGOA E O MAR REVOLTO

Vamos fazer um rápido exercício de meditação e imaginação. Esvazie um pouco a sua cabeça e acomode-se na cadeira, no sofá ou na cama. Respire fundo e lentamente. Feche os olhos (na verdade, faça isso daqui a pouco, já que você precisa ler este exercício antes) e imagine uma pequena lagoa em uma tarde ensolarada, sem vento. Visualize suas águas calmas e límpidas, sem peixes, sem aves. Agora, visualize uma pedra caindo no centro da lagoa. O que acontece? Ouça o ruído, observe a mudança no local do impacto, os pequenos respingos gerados pela pedra, a onda circular que surge e se espalha a partir do centro. É um fenômeno simples, mas que pode ser facilmente percebido e que gera modificações intensas, multissensoriais e até distantes do seu epicentro.

Quero fazer uma analogia com a mente humana quando está concentrada. Em um ambiente leve e harmonioso, se um detalhe saltar na frente, vai gerar uma perturbação muito evidente, fácil e prontamente reconhecida.

Agora, vamos para a segunda situação. Imaginemos a mesma pedra caindo em um mar revolto, muito agitado, com ondas para todos os lados. Está ventando e chovendo torrencialmente. O que acontece? Quase nada. Qual a repercussão à distância? Nenhuma. Aliás, será que caiu alguma coisa ali? Onde? Vamos precisar de muito mais esforço, energia e engajamento para perceber que algo aconteceu e para tentar compreender sua magnitude. A relevância acaba se perdendo pelo contexto. A mesma pedra, a mesma queda, o mesmo evento, são percebidos de formas bastante diferentes única e exclusivamente por conta do ambiente.

É claro que a vida nos impõe momentos de mar revolto (nossa mente se agita, se estressa, se sobrecarrega), mas nossos esforços devem sempre buscar a lagoa tranquila, de modo que, pelo menos em boa parte das experiências, possamos aguçar nossa percepção lidando com estímulos sem competição.

Acredito que organizar os ambientes seja o passo inicial mais fácil, objetivo e eficaz para organizar sua mente. Interrompa o vento, elimine a chuva, minimize as ondas, e você vai perceber que todo mar revolto alberga uma lagoa potencial.

Descanse

Eis aqui uma dica preciosa para os desatentos de plantão. O descanso físico e psíquico é fundamental para o funcionamento do filtro dos lobos frontais. A falta de repouso adequado impacta diretamente a capacidade de concentração, que influencia diretamente a capacidade de memorização. Após uma noite mal dormida, por exemplo, aumentamos muito a taxa de acidentes domésticos e de trânsito, pois ficamos mais irritados, tensos e muito menos criativos. Na verdade, quem dorme pouco ou dorme mal perde duas vezes: não prepara o cérebro para as atividades intelectuais do dia seguinte e não organiza as memórias do dia anterior.

Um sono ruim leva a mente a um estado muito desfavorável. Temos que brigar contra a sonolência diurna, que acaba funcionando como um competidor sensorial, e com isso nos colocamos em um incessante modo multitarefa. Além disso, a falta de repouso adequado mantém nossa mente desorganizada, desajustada e cansada, gerando um contínuo mar revolto. Para não dormir durante atividades essenciais, o organismo libera cortisol e adrenalina, hormônios do estresse, causando um contexto metabólico absolutamente inadequado para uma atividade mental de alto nível, priorizando resoluções de curto prazo.

Além da falta de atenção, uma noite mal dormida faz você perder a organização das memórias dos dias anteriores. O sono humano é um momento de intensa atividade mental; o cérebro não fica apenas dormindo, mas sim realizando diversas tarefas. Durante essas horas, ele controla a secreção hormonal, o gerenciamento do sistema imune, a regulação do ritmo cardíaco, respiratório e pressórico, o tônus muscular e os processos de autorregulação emocional e cognitiva.

Nosso sono é didaticamente dividido em cinco fases.

Fases 1 e 2: Sono superficial, com redução progressiva da reatividade ao ambiente e redução progressiva da atividade cerebral.

Fases 3 e 4: Sono profundo, ou sono de ondas lentas. O corpo se aprofunda no relaxamento físico e passa a perceber muito pouco do ambiente. O cérebro apresenta atividade ainda menos intensa.

Fase 5 (sono R.E.M.): Fase muito importante do sono, chamada de R.E.M. (Rapid Eye Movement) devido ao movimento ocular rápido debaixo das pálpebras. Nessa fase, a atividade cerebral aumenta. É como se você despertasse para dentro de si; você continua muito pouco reativo ao ambiente externo, em um elevado grau de relaxamento muscular (quadro compatível com um sono profundo), mas sua mente está em franca atividade imaginativa, ativando estruturas envolvidas nos processos emocionais e na consolidação de novas memórias. Acredita-se que essa fase seja fundamental para a organização da memória em consolidação, estabelecendo, em parte, aquilo que será eliminado pelo decaimento ou sobreviverá a ele. Passamos pelo sono R.E.M. cinco vezes por noite, sendo os episódios mais longos na segunda metade da noite.

Essa fascinante fase do sono está envolvida com a produção de sonhos, que funcionam como uma criativa colcha de retalhos de memórias pregressas aliadas a um forte componente emocional. Esse despertar para o mundo interior ocorre com pouca ação inibitória dos lobos frontais (sede da crítica, do juízo e do raciocínio lógico). Por isso, o conteúdo dos sonhos pode ser tão fantasioso, com associações malucas e sem critérios de tempo e espaço, politicamente incorreto etc. O processo de aprendizado e sedimentação de informações depende muito desse momento cerebral. Uma boa noite de sono, além de reparar o cérebro e reduzir a fadiga mental, é capaz de eliminar eventos irrelevantes e organizar boas memórias em gavetas adequadas, sendo indispensável para quem busca memórias duradouras e direcionadas.

A prova de que boa parte dos sonhos versa sobre memórias recentes ocorre quando você passa o dia inteiro jogando cartas e depois sonha com isso. Na verdade, os sonhos que lembramos na manhã seguinte são apenas uma pequena amostra daqueles que tivemos durante a noite. Para lembrar um trecho, é preciso acordar dentro ou muito próximo dele. Por isso tantas pessoas acham que não sonham, apesar de estarem sonhando de forma intensa e regular.

Às vezes, passamos um tempão estudando determinada matéria ou assunto e vamos dormir ainda um pouco inseguros e confusos em relação a alguns conceitos. Ao acordar, o conhecimento ainda está lá, só que mais firme e mais organizado do que quando fomos dormir. Nosso cérebro trabalha durante a noite; desperdiçar essa fase peculiar do aprendizado implica prejudicar qualquer processo de retenção e administração de informação.

Quando afirmo que dormir bem é fundamental para a cognição humana, seja como preparação do futuro, seja como otimização do passado, estou falando de qualidade geral, e não apenas de duração. Muita gente confunde dormir bem com dormir sete ou oito horas por noite. Mais do que isso, dormir bem é dormir de forma contínua e estruturada (boa arquitetura entre as diversas fases do sono), despertando reparado e disposto do ponto de vista físico, intelectual e emocional para gerenciar as atividades do dia seguinte.

Muitos estudantes, concurseiros e pessoas envolvidas em grandes projetos vez ou outra acabam trocando uma noite de repouso por uma noite em claro, trabalhando ou estudando. Essa é uma escolha complicada, já que significa abdicar de um processo de consolidação de longo prazo, e mantém o conteúdo abordado na janela da memória recente. Isso pode até resolver o problema de ter que fazer determinado teste no dia seguinte, mas a informação vai se perder em algumas horas ou alguns dias. Ou seja, mesmo que você conquiste notas adequadas, o aprendizado será deficiente. Muitas pessoas que estudam na véspera queixam-se de que a informação adquirida não se mantêve ao longo dos meses ou anos, o que gera, ao fim de uma vida escolar, estudantes muito deficientes e inaptos para o vestibular, por exemplo. Estudar na véspera, além de não consolidar as informações, faz com que elas sejam descartadas pelo cérebro, dada a baixa relevância aparente (é também durante o sono que o cérebro descarta vivências irrelevantes do dia anterior). O foco deveria ser a retenção de longo prazo, não a solução da prova. Por isso o estudo deve ser contínuo e diário. A matéria vista em aula deve ser preferencialmente estudada no dia em que foi apresentada, assim a noite gerará um aprofundamento adequado e persistente. Já falamos anteriormente sobre a janela de oportunidade. Voltaremos a esse precioso conceito mais para a frente, em um capítulo específico sobre vida escolar e aprendizado.

Mas descansar não é apenas dormir, certo? Descansamos nos finais de semana, durante as atividades físicas, nas férias, viagens, contatos sociais e em outras situações. O cérebro recarrega a bateria com atividades diversificadas. Então, de tempos em tempos, precisamos nos "desligar" em prol do reequilíbrio mental, como uma lâmpada ou um processador que esquenta depois de muito tempo de uso. Depois, retornamos muito mais produtivos. De vez em quando, devemos investir em atividades prazerosas e com pouco engajamento mental, algo mais passivo ou leve, com pouca ou nenhuma semelhança com nossa atividade mental vigente. Boa parte da baixa de rendimento intelectual pode ser atribuída a cérebros cansados, estressados e privados de suas válvulas de escape.

A FADIGA DA DECISÃO

O cansaço mental é fruto de uma série de processos cognitivos e emocionais. Nosso cérebro, tal qual um músculo, também consome energia e precisa de intervalos de descanso para se recuperar e seguir em frente. Processos de criação e tomada de decisões importantes, por exemplo, são modalidades mentais que geram muito desgaste e consomem bastante energia, por integrar muitas áreas do raciocínio, memórias, referências, variáveis etc. Pense na sensação física e mental de ter feito uma prova com duração de cinco horas, como um vestibular, por exemplo. Seu corpo não se moveu, mas você sente que apresentou um gasto metabólico muito intenso. Algumas pessoas reclamam de dor de cabeça, desatenção, tontura, náusea e até muita sonolência após períodos de intensa atividade mental. Claro que a carga emocional envolvida pode maximizar as coisas, principalmente quando determinado processo mental envolve riscos (para si ou para os outros), alto grau de responsabilidade ou elevada expectativa, pois o consumo é ainda maior e gera uma fadiga ainda mais precoce. Após uma atividade intensa, esse cansaço pode ser agudo ou crônico. O cansaço crônico, por sua vez, pode gerar desânimo, baixa motivação e procrastinação (deixar atividades para depois, ou "empurrar com a barriga", como dizem).

Pensar cansa e desgasta, por isso é fundamental pensar certo para não desgastar o cérebro precocemente e não piorar o rendimento no final da tarefa. Como o rendimento cognitivo decai progressivamente ao longo do tempo, muitos professores de cursinho, por exemplo, orientam seus alunos a começarem uma prova por matérias que dominam e deixarem as questões mais complicadas para o final. Isso ajuda a controlar o tempo, a manter a autoestima durante a prova, a segurar a ansiedade inicial e a garantir pontos mais fáceis logo no início, deixando para o final as questões mais complicadas, nas quais a taxa de erro já seria maior de qualquer forma.

Mesmo pequenas decisões do dia a dia podem levar a certa fadiga mental e modificar nossa tomada de decisão. Um exemplo é nossa alimentação cotidiana. Quando decidimos evitar alguns alimentos e priorizar outros (reeducação alimentar), podemos nos sentir mais vulneráveis no período da noite, após um dia exaustivo de trabalho. Ao despertar, estamos engajados e cientes das melhores escolhas, mas, ao final do dia, já cansados, não temos a mesma segurança e cometemos mais deslizes, sempre com a desculpa do mérito ("Trabalhei tanto que mereço determinada recompensa"). Essa mesma lógica é aproveitada pelo comércio. No supermercado, passamos por diversas gôndolas, compramos os itens necessários, evitamos os desnecessários, tomamos diversas pequenas decisões e, ao final, para aproveitar nossa fadiga mental, surgem doces, barras de chocolate, balas, bolachas recheadas, entre outras guloseimas.

Alguns grandes tomadores de decisões costumam economizar em pequenas decisões a fim de se pouparem para as decisões maiores. Presidentes e diretores de empresas por vezes preferem que decisões como o tipo de roupa que irão vestir ou a comida que irão comer sejam tomadas por outras pessoas. Há quem diga que alguns até escolhem um tipo ou cor específica de camisa para usar todos os dias, só para reduzir a necessidade de tomar decisões corriqueiras. Esses são exemplos extremos para um evento comum: a fadiga decisória. Atentar para esse fenômeno pode levá-lo a compreender diversos aspectos da sua vida e ajudar a priorizar e empenhar sua energia mental nas decisões transformadoras.

Destaque estímulos importantes

Nosso cérebro é bombardeado com informações a todo momento. O sistema de triagem do que deve ser atentado, percebido e eventualmente gravado tem, muitas vezes, apenas frações de segundos para fazer escolhas. Esse sistema é, em grande parte, involuntário, mas nós podemos intervir, pelo menos em situações mais críticas, e assim ajudá-lo.

Sempre que nos depararmos com um estímulo importante, podemos (e devemos) avisar nosso cérebro. Durante uma leitura, por exemplo, podemos sublinhar ou circular uma frase, trocar a fonte no computador, repetir o conceito em voz alta ou mesmo silenciosamente, por algumas vezes, buscar um *link* mental que traga graça, emoção ou que apenas transforme um estímulo aparentemente comum em anedótico, diferente. Nosso cérebro tende a atentar para o que destoa, o que é intenso, diferente ou o que gera alguma emoção. Se o estímulo é importante e não tem intrinsecamente essas características, você precisa transformá-lo e avisar seu cérebro.

Outra dica é transformar a via de percepção ou aumentar a complexidade do estímulo, porque o cérebro valoriza muito as experiências multissensoriais que acionam diferentes locais de entrada. Por exemplo, quando ouvir algo para o qual precisa atentar, procure visualizá-lo mentalmente também. Para o que for visual, procure transformar em auditivo, com timbre e sonoridade. Isso facilitará essa fase do processo. Só o empenho consciente em enfeitar o estímulo muitas vezes já é o suficiente para destacá-lo. Se você conseguir um processo associativo criativo e interessante, pode levar a informação para estágios avançados do processo de memorização. No capítulo seguinte, abordaremos melhor o processo mnemônico propriamente dito, trazendo dicas de confecção da rede associativa cerebral.

Tome cuidado com a depressão e a ansiedade

Tanto a depressão como a ansiedade são transtornos comuns que dificultam muito o processamento cerebral da atenção e da memória.

A ansiedade coloca o foco no futuro, e a pessoa sofre com um distrator invisível. O ansioso sente uma pressão antecipatória, enfrenta problemas na desproporção da ocorrência, e muito frequentemente se desapega da atividade presente, reduzindo muito seu poder de triagem da atenção. Trata-se de um transtorno muito comum nos dias de hoje. A ansiedade é frequentemente marcada por queixas psíquicas, físicas e cognitivas. Psiquicamente, o paciente pode apresentar apreensão, medo, receio, percepção aumentada de estresse etc. Os sintomas físicos mais comuns são relacionados à adrenalina, tais como: falta de ar, taquicardia, dores musculares, insônia, alterações gastrointestinais, tonturas, entre outros. Do ponto de vista cognitivo, os mais referidos são: desatenção, pensamento acelerado, esquecimento, falta de criatividade, entre outros.

Quando falamos em ansiedade, estamos falando de um conjunto de doenças com intensidades e características bem individuais, como síndrome do pânico, fobias, transtorno obsessivo-compulsivo (TOC), transtorno de ansiedade generalizada, transtorno do estresse pós-traumático, entre outros. É relativamente comum pacientes ansiosos buscarem ajuda médica devido a sintomas cognitivos como baixa do rendimento intelectual global. O tratamento da ansiedade, seja com ajustes do estilo de vida, seja com medicamentos associados ou não à psicoterapia, pode trazer melhora na conexão com o tempo presente, redução da autocobrança, minimização do estresse e recuperação da *performance* cognitiva.

Na depressão, o processo é ainda mais complexo, pois as pessoas deprimidas podem perder a motivação, o entusiasmo, a capacidade de sentir prazer em atividades do dia a dia. Assim, o rendimento cognitivo de alto nível já fica comprometido. Além disso, o distúrbio altera diretamente as vias neurológicas responsáveis pela *performance* intelectual.

Nesse transtorno, o cérebro funciona devagar e, em casos extremos, o paciente pode até parecer confuso ou com uma doença intelectual (principalmente em idosos, em um quadro conhecido como pseudodemência, uma falsa impressão de um transtorno primariamente intelectual). A cognição e o contexto emocional são inseparáveis; quando um vai bem, o outro tende a acompanhar essa oscilação positiva. Por isso, nesse *check list* de complicadores de nível, direcionamento e manutenção da atenção são dois itens que ganham muito destaque.

Assim como a ansiedade, a depressão possui muitas faces, contextos, intensidades e sintomas, que variam caso a caso. Do ponto de vista psíquico, são comuns: melancolia, baixa autoestima, pessimismo, desesperança, culpa, frustração, dificuldade em sentir prazer (anedonia), desapego etc. Aqui, também são proeminentes na maioria dos casos, os sintomas físicos, tais como perda ou excesso patológico de apetite, baixa libido, fadiga física, dores crônicas, alterações gastrointestinais, distúrbios de sono, entre outros. Do ponto de vista cognitivo, o paciente pode apresentar falta de concentração, raciocínio lento e empobrecido, esquecimentos, pensamentos confusos e baixo poder de criação. Tanto na depressão como na ansiedade os sintomas precisam estar presentes por um tempo mínimo, em geral algumas semanas, e não podem ser motivados diretamente por eventos de vida, uso de substâncias ou estados clínicos que justifiquem melhor os sintomas (ou, quando existe uma motivação, a resposta depressiva ou ansiosa precisa ser desproporcional a esse fator causal, seja em tempo, seja em intensidade).

O *link* entre a cognição e o sistema emocional é feito por diversas alças cerebrais e principalmente pelo famoso sistema límbico. Toda memória apresenta um franco componente sentimental, assim como toda vivência é colorida por aspectos emocionais diversos. A perturbação do gerenciamento da urgência (na ansiedade) e a refratariedade ao prazer (na depressão) perturbam o sistema de administração da informação.

Agora há pouco eu estava mexendo em uma gaveta aqui em casa em busca de uma pilha para o controle da TV e encontrei um *pen drive* empoeirado, intocado há mais de três anos. Por curiosidade, espetei-o no computador e encontrei três pastas. A primeira continha fotos de uma festa que demos na minha antiga casa, quando reunimos residentes do Hospital das Clínicas, médicos mais velhos, amigos e familiares; minha esposa estava grávida e linda como sempre, e essa é uma lembrança muito feliz. As imagens bateram na minha retina, chegaram ao meu cérebro e me inundaram de emoção. Eu tinha esquecido que me lembrava daquilo! Que coisa estranha. Mas a sensação de *déjà vu* veio logo, com *links* e associações. Essas eram fotos do meu patrimônio mental e estava tudo na minha cabeça, estranhamente inacessível até aquela ponta solta, aquele pequenino registro externo (o *pen drive*), tão calado e escondido na gaveta aqui de casa quanto essas recordações no meu cérebro.

A segunda pasta continha um arquivo com algumas cifras para violão. Eram músicas antigas, que imediatamente me fizeram me lembrar do meu pai, falecido em 2006 (vítima de um câncer gástrico aos 54 anos), quando eu estava no sexto ano da faculdade de Medicina. Senti um aperto no peito, alteração da pupila, mudança no padrão respiratório. Saudade e silêncio. Serotonina, adrenalina e dopamina. Mas não foi só isso.

Tive vontade de pegar o telefone e ligar direto para ele, contar que me formei, virei neurologista e que estava até escrevendo um livro sobre memória, logo ela. Ele estava ali, tão perto, tão fresco na evocação, tão claro que não era possível que tivessem se passado tantos anos. Obviamente, o *link* entre a velha cifra e meu velho pai se valeu do contexto emocional gerado pela memória anterior, a da preciosa festa. O cérebro escancara gavetas mentais e despeja todo o seu poder emocional, causando uma formidável inflexão no tempo, aproximando o passado e o presente, como se dobrasse uma folha de papel (parece que existe buraco negro que também faz isso).

Estou contando tudo isso para falar sobre a terceira pasta, que continha um pequeno texto que eu escrevi há uns quatro anos. Ali, eu refletia sobre depressão (a doença) e tristeza (a manifestação emocional reacional). No dia em que redigi esse texto, eu tinha atendido um caso clássico, grave e incapacitante de depressão; a paciente me tocou profundamente com seu olhar vazio, enxergando o mundo sob um prisma muito diferente do habitual (esse olhar, aliás, revi em muitos outros rostos dali em diante). Como poucas vezes ocorreu na minha vida profissional, eu discuti com o acompanhante, que insistia em que sua esposa estava apenas triste, chateada com algo, afirmando que ela deveria se distrair mais, levar as coisas menos a sério, ir mais ao *shopping* e tal. Ele é que precisava levar as coisas mais a sério. Sua esposa estava definitivamente doente. Coloco aqui o texto na íntegra, tal qual foi redigido por esse meu *eu* do passado.

MAS AFINAL: DEPRESSÃO É DOENÇA?

Gerada por evidente desequilíbrio no funcionamento cerebral, a depressão desativa a capacidade de perceber e sentir prazer, instala uma tristeza pouco direcionada e sem fim, limita o poder de reação, perturba o andamento hormonal, distorce funções basais como sono e alimentação, nubla versões otimistas de futuro e compromete a *performance* do indivíduo, da unidade familiar e de toda a sociedade.

Se pneumonia é doença e ninguém discute isso, depressão é doença ao quadrado. É crônica, sorrateira e leva a sofrimentos múltiplos, desconfortos físicos e mentais, um sistema vicioso de frustração, redução de autoestima e progressivo desapego à vida e às ditas "coisas da vida". A depressão em formas intensas impõe a sobrevivência fria e desancorada; a falta de amplificação de prazer instala uma existência nua, crua e difícil de engolir. O mundo não desce, as relações interpessoais não convencem e a vida torna-se uma sequência interminável de vivências insossas e sem sentido.

É uma doença cerebral orgânica, real, inequívoca, palpável, frequente e pouco valorizada. Depressão não é tristeza! Por isso não pode ser tratada como tal. Não adianta falar para alguém depressivo como a vida é bela, como tem gente em situação pior ou levá-la para o cinema. O buraco é mais embaixo. A inércia emocional limita a percepção e a reação ao prazer.

Tristeza tem motivo, proporção, direcionamento e tempo para acabar. Ela é sinal de saúde, inteligência, amadurecimento e aprendizado. Depressão é um conjunto muito mais complexo de alterações emocionais, cognitivas, comportamentais, sem prazo de duração, de intensidade variável e desproporcional aos aspectos ambientais vigentes. Muitos dos que julgam pessoas deprimidas e desvalorizam seus sintomas entendem de tristeza, mas não sabem nada de depressão. Muito do preconceito ignorante é fruto de pessoas que nunca tiveram um dia sequer depressivo (apesar de terem tido dias tristes), mas que insistem em medir o sentimento dos outros com sua régua distorcida e válida apenas para si.

O cérebro humano evoluiu com sensores e mecanismos de proteção, de modo a defender a pessoa e a espécie. Nosso cérebro pinta vivências positivas com cores vivas, transforma o mundo real e inventa o prazer. Para isso, existem redes e transmissores específicos. Liberamos dopamina, serotonina, endorfinas e adrenalina em regiões específicas e ocasiões específicas.

Nosso cérebro injeta felicidade nos nossos dias, abranda nosso sofrimento real e nos confere um apego biológico à vida e à nossa existência. Quando essa função falha, pronto: estamos doentes. Por exemplo, quando comemos um alimento calórico, sentimos prazer, quando fazemos sexo também, quando conquistamos algo, e por aí vai. Nosso cérebro trabalha arduamente para manter a recompensa mental e a autoestima, para gerar e perceber empatia, para manter a motivação e o entusiasmo, para confiar e expectar um futuro melhor, enfim. E isso tudo não nasce do nada, são fenômenos biológicos complexos e gerados por mecanismos potentes.

Na depressão, o sistema está desregulado e a vida perde a maquiagem da percepção cerebral de prazer. Depressivos sentem o peso real do mundo real. Tudo fica cinza, empobrecido, sem graça; a vida vira um amontoado de eventos sem razão. Vejo a depressão como uma insuficiência cerebral e emocional, uma redução funcional de um sistema que garante a saúde e a vida como as conhecemos, com a percepção ou, pelo menos, a busca do prazer e da felicidade.

Se o rim para, corremos para um médico. Se o coração fica fraco, ninguém tem dúvidas sobre ir ao cardiologista. Insuficiência do fígado? Deve ser grave. Que baita injustiça com o cérebro! Negligenciamos nossa insuficiência emocional. Depressão é definitivamente uma doença com todas as letras. Deve ser diagnosticada, mensurada e tratada rápida e agressivamente. Gera impactos imediatos e de longo prazo, disparando uma cascata patológica de eventos que levam a outras doenças e adoecem todo o contexto socioambiental do portador. Enquanto viver por aí, disfarçada de tristeza, continuará a fazer milhares e milhares de vítimas.

Tome cuidado com álcool, drogas e medicamentos

Algumas substâncias podem dificultar, aguda e cronicamente, o processo de atenção e memorização. O exemplo mais comum é o consumo de álcool, essa substância que, em excesso, altera a percepção e a capacidade de gerenciar o foco atencional, deixando a pessoa dispersa, aérea, confusa e, por vezes, amnésica e sonolenta. A suscetibilidade ao álcool depende de diversos fatores, como sexo, genética, hábito, teor alcoólico, quantidade ingerida, contexto de alimentação etc. Inicialmente, os efeitos podem parecer estimulantes, como a redução da inibição social e da timidez, o que leva a pessoa a se soltar. Mas, com o tempo e o aumento da dose ingerida, a substância passa a ter uma ação francamente limitadora da *performance* cerebral, levando a fala arrastada, falta de coordenação motora, reflexos mais lentos, franca desorientação temporal e espacial, falta de crítica e esquecimentos. Quem nunca ouviu falar na famosa amnésia alcoólica? Ela ocorre devido à maior sensibilidade da região dos hipocampos, estruturas cerebrais fundamentais para a fixação de novas memórias. Com seu desligamento precoce, a pessoa não registra parte das ocorrências vivenciadas no momento da bebedeira, gerando frustração e constrangimento social no dia seguinte.

Outras regiões que sofrem precocemente com o uso agudo do álcool são os lobos frontais – já sabemos que eles são importantes para a concentração, o raciocínio lógico, a inibição de impulsos e a utilização do senso crítico – e o cerebelo, estrutura encefálica que fica logo abaixo do cérebro na região posterior da cabeça – fundamental para o equilíbrio, a coordenação motora fina e o aprendizado motor. Como podemos perceber, a chegada do etanol ao cérebro causa desligamentos progressivos e sequenciais em regiões críticas, deixando a pessoa cognitivamente mais vulnerável e fazendo transparecer processos mais instintivos e emocionais, que caracterizam classicamente pessoas nesse estado.

Cronicamente, seu uso recorrente e abusivo pode levar a quadros intensos de demência, seja por lesão cerebral direta (demência alcoólica), seja por carências vitamínicas associadas, principalmente tiamina (vitamina B1) e cobalamina (vitamina B12), ou mesmo por traumas repetidos na região da cabeça, evento frequente em alcoolistas inveterados.

Outras drogas podem impactar a capacidade de concentração, tais como a maconha, estimulantes como a cocaína e o *crack*, e alucinógenas como o *ecstasy* e o LSD. Mesmo as drogas lícitas, com ação terapêutica (medicamentos), podem apresentar impactos cognitivos negativos, geralmente transitórios – são os efeitos colaterais. As classes mais importantes dessas drogas são: antidepressivos, remédios para dormir, antialérgicos, remédios para náuseas e medicamentos fortes contra dor. Por isso, é fundamental ter muito cuidado com a automedicação e com as prescrições sem um adequado acompanhamento médico. Os idosos são ainda mais sensíveis aos efeitos colaterais cognitivos, pois nessa faixa etária o cérebro já apresenta processos involutivos característicos do envelhecimento, com algum grau de atrofia (redução de tamanho) e, por vezes, acúmulo de lesões ocorridas durante a vida. Com isso, mostra-se mais vulnerável por redução de sua reserva funcional. Além disso, existe o risco de efeitos colaterais relacionados a interações com outros medicamentos, usados mais frequentemente na terceira idade.

Avalie a possibilidade de ter TDAH (Transtorno de Déficit de Atenção e Hiperatividade)

Existe um transtorno neurobiológico inato, com fortes determinantes genéticos, que acomete 5% das pessoas (1 em cada 20) e dificulta o processo de direcionamento e manutenção do foco: o TDAH. Essa é a sigla para transtorno de déficit de atenção e hiperatividade, um problema comum ainda muito pouco diagnosticado em nosso meio. Trata-se de um distúrbio funcional (que não foi causado por lesões estruturais) que acomete regiões específicas dos lobos frontais, importantes para o gerenciamento da concentração sustentada e outros ajustes comportamentais.

Os portadores de TDAH podem ter graus variados de inquietação física e mental, impulsividade e desatenção, apresentando intensidades muito diferentes do transtorno. Ele pode se manifestar em meninos ou meninas, sendo um pouco mais frequente no sexo masculino. Em meninas, temos quadros de mais desatenção, às vezes sem hiperatividade. A criança parece dispersa, meio no mundo da lua. Já em meninos, temos geralmente um *mix* de desatenção e hiperatividade, tornando o diagnóstico mais fácil e rápido, uma vez que a hiperatividade gera mais desconforto ambiental e queixas por parte de pais, familiares e professores.

O problema é crônico e se manifesta antes dos 12 anos de idade, sendo geralmente manifesto já antes dos 7 anos. Cerca de ⅔ dos pacientes mantêm sintomas disfuncionais também na idade adulta. É fundamental que os sintomas sejam notados em diversos contextos e por pessoas diferentes, para evitar que o transtorno seja relacionado a um ambiente específico ou uma relação interpessoal específica. Recomenda-se sempre acompanhar o rendimento atencional e o grau de inquietude na escola, em casa, entre amigos, familiares, durante as férias etc. Quando a hiperatividade é intensa, a criança parece "ligada no 220 V" e permanece pouco tempo concentrada em cada atividade – fica andando de um lado para o outro, mexendo em tudo, mostrando inquietação física quando sentada, tamborilando, mexendo as pernas, desviando o olhar para todo e qualquer estímulo do ambiente. Muitas vezes, são tidas (pela sociedade) como crianças mal-educadas, mimadas e insubordinadas; isso quando não são estigmatizadas como alunas de baixo rendimento intelectual ou com problemas de ajustamento. Sem diagnóstico e tratamento, podem acabar apresentando autoestima baixa, elevada frustração, sintomas ansiosos e até depressivos.

No adulto, o TDAH causa disfunção executiva, dificuldade de concluir projetos de médio e longo prazos, procrastinação, desorganização, esquecimentos, atrasos e risco de busca por prazeres efêmeros (drogas, sexo, criminalidade etc.). Trata-se de uma patologia complexa, com espectro amplo e variável de pessoa para pessoa.

Seja como for, o problema não é de ordem intelectual global. Os portadores de TDAH apresentam Q.I. normal ou até acima da média, e não apresentam justificativas emocionais e educacionais convincentes. Não são assim porque foram mimados ou mal ensinados, nem porque querem atrair o foco para si. O problema está no controle cerebral da atenção, do impulso e, por vezes, na velocidade desenfreada dos pensamentos. Os problemas emocionais são secundários ao problema cognitivo e comportamental primário do transtorno. O diagnóstico é feito por critérios clínicos, depois de afastados outros problemas médicos que possam simular o TDAH. Isso é complicado, porque muita gente não acredita em doenças que não podem ser vistas em exames, que não aparecem no sangue ou na ressonância, o que gera ainda mais insegurança e questionamentos acerca da existência do transtorno. Agora, se formos apenas acreditar em doenças estruturais, que alteram exames subsidiários, teremos que negar a existência de outras patologias, tais como enxaqueca, depressão, autismo, fibromialgia, dislexia, e por aí vai.

O TDAH é descrito no mundo todo, em diversas culturas e em vários momentos da história, não se justificando apenas por questões contemporâneas e culturais específicas. A taxa de recorrência familiar, a semelhança clínica e a incidência alta em gêmeos idênticos levam a crer que existe um componente genético forte, mesmo que fatores ambientais estejam associados à expressão. O estudo de gêmeos fraternos (não idênticos) mostra que há incidência menor entre gêmeos idênticos (que possuem código genético idêntico), mesmo diante de aspectos ambientais bem semelhantes, como modo de criação, alimentação e tipo de estimulação, o que fortalece os determinantes genéticos frente aos ambientais.

O diagnóstico pode guiar um tratamento, que deve começar o mais cedo possível (idealmente antes dos 7 anos), individualizado (personalizado caso a caso) e abrangente (pautado em ajustes ambientais, pedagógicos e medicamentos, em alguns casos). A condução deve ser feita por especialistas, muitas vezes exigindo abordagens multidisciplinares (que envolvam médico, pedagogos, psicólogos, entre outros). O tratamento tem como objetivo estimular os talentos e minimizar a expressão das características disfuncionais do transtorno, melhorando a concentração, reduzindo a impulsividade e equilibrando a inquietação, de modo que a pessoa consiga explorar todo o seu potencial intelectual. Sem tratamento, existirá um delta entre o potencial mental e as realizações. E é esse delta que gera a cadeia de eventos que culminam na baixa qualidade de vida e nos complicadores emocionais observados no TDAH no médio e no longo prazos.

Por ser uma patologia relativamente nova e envolta em alguma polêmica (opiniões controversas são expressas por diferentes ramos do conhecimento), recomendo sempre procurar profissionais habilitados e experientes para conduzir o diagnóstico e o tratamento. Negar a natureza biológica do transtorno não me parece ajudar em nada na sua resolução, além de trazer mais estigma, culpa aos envolvidos e agravar o desfecho final. Evitar rótulos clínicos a todo custo (como o diagnóstico de TDAH) pode abrir espaço para que a sociedade julgue as crianças de forma ainda mais cruel e sem embasamento científico algum. Sei que alocar fenômenos psíquicos e cognitivos espectrais em categorias é reduzi-los e não os compreender na sua plenitude. Mas considero o estudo categorizado em diagnósticos e subdiagnósticos um mal necessário para uniformizar a linguagem, os trabalhos científicos e as leis, adequar logísticas institucionais e reduzir o preconceito causado pela ignorância, uma vez que rótulos serão colocados, de uma forma ou de outra.

Este capítulo sobre a atenção é fundamental para a compreensão dos determinantes e dos ruídos da primeira fase da memorização. Sei que foi um texto pesado, longo e cheio de conceitos, alguns mais simples e outros mais complicadinhos. Vamos agora entrar no processo de consolidação propriamente dito, no processo de organização da rede associativa e todo o seu comprometimento com a evocação. Muitas questões pontuadas anteriormente voltarão com novos formatos para estabelecermos nosso processo de evolução em espiral ascendente.

FIXANDO A INFORMAÇÃO

Uma vez superado o processo de vivência e atenção, o estímulo receberá sua chance de ser memorizado por alguns minutos, por alguns dias ou por toda a vida. As memórias não são iguais; cada vivência apresenta um grau inicial de relevância, um limiar de evocação e um rastro associativo. O processo neurológico envolvido na consolidação é bastante complexo e ainda não foi completamente desvendado. Para transformar uma vivência em memória, é preciso modificar bioquimicamente as sinapses, que são as comunicações entre os neurônios. Temos trilhões de sinapses no nosso cérebro e elas definem redes, caminhos por onde trafegam as informações.

Memorizar algo seria facilitar um desses caminhos, tornando-o possível em outro momento no tempo, mesmo na ausência do estímulo provocador. Para isso, o cérebro precisa manter o caminho patente e gerar associações capazes de evocá-lo. Isso demanda um sistema biológico complexo e dinâmico, talvez o mais complicado de que se tem conhecimento, pois vencer o impacto inexorável do tempo e colar a estrutura dos acontecimentos não parece uma tarefa nada fácil.

Mesmo assim, precisamos entender que a memória não é uma cópia da vivência, mas uma versão dela – resumida, editada e por vezes até alterada. O cérebro extrai os aspectos fundamentais da lembrança, que é leve e sutil e traz aspectos emocionais referentes ao momento da vivência e às experiências posteriores relacionadas ao tema. Por exemplo, feche os olhos e pense em um sorvete de casquinha de sabor baunilha. Não sei se você está com vontade de tomar sorvete agora ou não, mas eu, do lado de cá, estou. Até porque estou escrevendo esta frase em um sábado ensolarado às 5 horas da tarde, e uma casquinha cairia muito bem. Posso, mentalmente, sentir a sensação térmica, a textura, o cheiro e parte do sabor dela. É tudo mais suave do que a vivência em si, mais simples e distante. Também sinto um certo prazer e uma vontade de sair da frente do computador e ir para uma sorveteria. Mas vou resistir.

Esse conceito de síntese e substrato emocional é fundamental para estabelecermos nossa rede associativa. Podemos sempre tentar, conscientemente, extrair a essência, o ponto fundamental, a moral da história, dando de mão beijada o serviço quase editado ao nosso cérebro.

Outro aspecto da fase de consolidação é o ajuste das associações. Se deixar o cérebro fazer isso de forma padronizada, você terá uma memorização padronizada. Mas, se você se esforçar para estabelecer relações curiosas, anedóticas, bem-humoradas e criativas, verá que seu cérebro irá rapidamente se apaixonar pela vivência, se esforçando muito menos na evocação.

A arte da síntese aliada ao poder de organização mental da rede associativa é a base da boa memória. Todo memorizador prodigioso tem seus truques e artimanhas mentais para transformar a realidade aleatória em uma sequência mais previsível de eventos.

Nos capítulos anteriores, já falamos sobre o conceito de atenção, o impacto do tempo de vivência e o ajuste contextual. Se alinharmos esses conhecimentos aos aspectos complementares de consolidação que veremos daqui em diante, teremos ainda mais condições de determinar, em parte, nossa capacidade de fixação.

Mas, antes de avançarmos, eu gostaria de recordar e desenvolver um pouco mais um precioso conceito anatômico e funcional da memorização.

A vivência é experimentada nas áreas sensoriais; é um evento *on-line*, atrelado ao presente. Quando uso esse termo (*on-line*), quero dizer que ele depende totalmente de seu processo gerador, não resiste ao tempo, não fica armazenado, está definitivamente ligado a uma experiência durante sua ocorrência. A ocorrência mental depende da conexão mantida com a vivência; se a conexão "cair", nada dessa etapa vai ser salvo. Já a atenção é um filtro gerado por regiões associativas, principalmente os lobos frontais e parietais; é um processo dinâmico de peneira do presente, também *on-line*, mas mais complexo e um pouco mais persistente. Através dela, conseguimos sustentar por alguns segundos uma informação, mas ainda sem salvá-la na mente. Agora, o processo de memorização propriamente dito é uma sustentação mais robusta e duradoura da vivência – mas somente em algum grau, já que é uma versão editada. Ela cria uma facilitação capaz de ativar a rede neural na ausência do estímulo que lhe deu origem na primeira vez (recordação), levando a uma desconexão da informação com o tempo presente, transformando a informação dita *on-line* (armazenada em um servidor fora do seu computador) em um arquivo que pode ser acionado de forma *off-line* (que está gravado no seu HD). Essa independência do tempo e da presença concomitante do estímulo inicial depende da ação de uma região fundamental do nosso cérebro: os hipocampos, dentro dos lobos temporais.

No entanto, a informação candidata a memória ainda precisa vencer o decaimento e se consolidar como uma memória robusta de longo prazo. Por isso, o processo é sequencial, como uma escada de níveis diferentes e progressivos. Para virar memória – uma intensa lembrança de longo prazo –, a vivência precisa ser fantástica (exuberante, emocional, nitidamente importante), ou você precisa receber uma recordação precoce que o salve do esquecimento na fase de consolidação.

Isso define dois caminhos para um candidato a memória persistente: uma vivência bombástica ou uma recordação precoce. Por exemplo: estou na rua tranquilo e sofro um assalto à mão armada. Sinto medo, pavor, raiva, sei lá. Esse evento é marcante e tem grandes chances de virar uma memória resistente, sem que eu precise fazer esforço. Agora, assisto a uma aula de história, um evento rotineiro e pouco emocionante. Nesse caso, preciso recordar, interagir, enfeitar, me relacionar com a informação para que ela possa evoluir como uma recordação tardia. A essa interação com a informação experimentada no ato da vivência chamaremos de *intervenção consciente nível 1*. Quando é feita na fase de decaimento (idealmente nas primeiras horas ou dias após a exposição), vamos chamá-la de *intervenção consciente nível 2*. Na verdade, elas são faces da mesma moeda – só estão dispostas em dois momentos diferentes no tempo. São tentativas de elevar intencionalmente a relevância de uma informação que se apresentou com uma *performance* inferior à sua importância.

Imagine um show de calouros. Alguns chegam arrasando, mostrando excelente escolha de repertório, potência vocal, timbre diferenciado e outros talentos. Para esses, você diz sim; eles são bons, chegarão às finais, virarão cantores profissionais ou serão *memórias remotas*, profundas (nessa nossa analogia). Outros são bem ruins, desafinados, sem carisma, têm a voz fraca, não têm a menor chance, enfim, podemos descartar. O problema está no meio: a maioria não é brilhante o suficiente e nem horrível o bastante, deixando um sopro de dúvida na hora de classificá-los ou não. Assim são as nossas vivências. Entendeu a sinuca que seu cérebro passa a todo momento? Para resolver isso, ele mantém diversos eventos na memória de curto prazo e em fase de consolidação da memória de longo prazo, deixando uma oportunidade para que eles demonstrem seu valor em horas ou dias, antes de cair no esquecimento. Nosso cérebro é até bonzinho, como você pode ver. É como se ele falasse para o calouro: "Convença-me, cante outra música, arrisque mais e mostre a que veio", como se fosse um jurado bem-intencionado. É por isso que você se lembra, sem precisar fazer esforço, do que almoçou ontem, mas não do que almoçou há três semanas. O almoço de ontem está na fase de decaimento, aguardando uma possibilidade de "repescagem", ainda atrelado a critérios temporais e dependente do hipocampo. Acontece que a maioria das informações da nossa memória recente não são utilizadas no decaimento e acabam sendo eliminadas (e aqui incluo boa parcela da nossa vida escolar).

O conceito de intervenção nível 1 (durante a vivência) e nível 2 (durante o decaimento inicial) é tão importante para a consolidação da informação que grande parte deste livro foi escrita aplicando esse conceito. Aliás, todo o desenho conceitual e logístico desta obra explora isso. Sempre que possível, procuro uma analogia cotidiana imediata que possa trazer algum significado associativo (intervenção nível 1: trazer intensidade e interesse ao ato da exposição). Páginas depois, a mesma ideia volta com outra intensidade e roupagem (intervenção nível 2: recuperação precoce na fase de decaimento). Acredito que o formato do livro ajuda e corrobora seu conteúdo, demonstrando coerência entre aquilo em que que acredito e o que procuro fazer na transmissão da informação. Entre outras interpretações, o próprio título versa sobre essa necessidade de intervir antes que o tempo gere seu tradicional e implacável decaimento: *antes que eu me esqueça* deixe-me contar, deixe-me sentir mais um pouquinho, deixe-me tentar fazer alguma coisa por essa lembrança, enfim.

O conceito de intervenção consciente é a base das regras mnemônicas, que são formas de trabalhar a informação durante a experiência real ou a recordação precoce. Uma paródia criada por um professor de cursinho, um pensamento divertido de um estudante criativo ou um poema que carrega, como um vetor, uma fórmula de química, são alguns dos vários exemplos de ajuda na famosa "decoreba". Acredito piamente na necessidade de mudanças estruturais no conceito de estudo que temos atualmente, focado na sala de aula e nas atividades passivas, que cria alunos pouco motivados e sem método de aprendizado. Geramos estudantes fracos, de véspera de prova, sem preparo para exames vestibulares, concursos e para a própria vida. Muitos terminam a vida escolar com pouquíssimo conteúdo, necessitando, por vezes, de alguns anos de cursinho para suprir esse rendimento inadequado na fase de formação. Esse tema é tão importante que teremos, mais para a frente, um capítulo direcionado especificamente para isso.

Mas vamos prosseguir no estudo das intervenções nível 1 e 2. Gosto de comparar a chegada da informação e sua memorização com um ponto no jogo de vôlei, sendo os diversos jogadores áreas e funções cognitivas cerebrais. Assim, se a bola (que nessa analogia representa a informação) cair na nossa quadra, significa que não memorizamos. Se cair na quadra do adversário, a fixação foi realizada com sucesso. Temos basicamente três toques conscientes a dar na bola, de forma a elevar a probabilidade de ela voltar para o outro lado sem chance de defesa.

O primeiro toque é a defesa ou recepção. Precisamos captar e atentar para a bola, o cérebro precisa percebê-la e não se desconcentrar com a torcida, com os pensamentos extrajogo. A meta aqui não é apenas evitar o ponto adversário, mas também transformar a trajetória da bola (que pode vir mal-intencionada, fazendo curvas e cheia de veneno), de modo a passá-la de forma suave e com qualidade para o nosso levantador. A informação, a vivência e o pensamento nem sempre chegam até nós perfeitos, claros e fáceis de serem digeridos mentalmente. Muita coisa importante nos atinge de maneira inadequada, sendo função da recepção tentar arrumar a interação inicial. Essa é a intervenção consciente de nível 1. Um bom defensor é capaz de mudar a velocidade, a direção, o efeito, a altura e a força da bola, para que ela chegue ao levantador (os hipocampos) com capricho. Ele então decide entre duas possibilidades.

O que faz o levantador? Ou ele levanta a bola para um atacante (que está preferencialmente fintando o bloqueio) ou, em casos selecionados, dependendo do contexto e de sua habilidade, ele passa a bola de segunda, direto para o campo adversário, surpreendendo a defesa. Os hipocampos trabalham mais ou menos assim também. Eles aprofundam a informação rapidamente (passando de segunda) se ela se apresentar de forma altamente relevante, ou levantam a bola para o corte de um atacante. Na nossa analogia, levantar a bola seria iniciar a fase consolidação *versus* decaimento. Repare bem que o levantador jogou a bola no próprio campo, correndo risco de esquecimento se alguma coisa não acontecer. O tempo de intervenção nível 2 é o tempo entre o toque da mão do levantador e o toque da bola no solo (na nossa quadra).

Na vida real, isso demora de horas a dias. Mesmo assim, tanto no vôlei como na vida, existe um momento ideal de intervenção, uma janelinha dentro da janela maior. O atacante irá preferir o momento em que a bola estiver subindo (jogada rápida), tiver atingido seu cume (jogada clássica, quando estiver no ponto de maior altura), ou no início do decaimento (jogada lenta). Sua escolha dependerá do tipo de bola, de facilidades pessoais, da posição da defesa, do momento do jogo etc. Observe que seria muito difícil (mas não impossível) o atacante acertar a bola se ela estivesse perto do chão da sua quadra. Nesse caso, o ataque seria mais fraco, mas o esquecimento seria evitado, dando novas chances à informação. Isso acontece com nossa mente. Sempre que recordamos algo precocemente, intervimos no nível 2. Pensar em algo no mesmo dia ou duas semanas depois é o mesmo que o atacante bater no meio da bola, na altura ideal, ou salvar a bola quase no chão, toda desengonçada. A diferença é qualitativa e evidente. Por isso, considero a janelinha de intervenção ideal quando acionada de horas a poucos dias do evento inicial.

Além do momento da intervenção nível 2, é preciso refletir sobre o modo dessa intervenção. O ideal, aqui, é que o atacante bata na bola de um jeito totalmente diferente do defensor e do levantador. Parece bem óbvio, mas por vezes erramos esse quesito. O defensor direciona para o levantador, que direciona para o atacante. O terceiro toque na bola é o último possível nessa fase da jogada, por isso precisa ser inteligente, diferenciado e mortal.

A meta aqui é fazer ponto – levar a informação definitivamente para o longo prazo. Diferentemente dos outros passes, o objetivo é que ninguém mais encoste na bola. Isso é extremamente importante na hora do estudo. A informação revisada precocemente merece uma abordagem diferente da vivência inicial; merece uma interação mais complexa, mais ativa, e você precisa sair dela com a convicção de que o cérebro consolidou a memória (uma vez que é seu último toque na bola). Após o decaimento total, seu contato com a informação será quase um novo aprendizado (o início de uma nova jogada).

O hipocampo e o processo de consolidação

Vamos recuar um pouquinho e voltar a analisar a anatomia funcional relacionada à memorização. Como disse anteriormente, o cérebro precisa dos hipocampos (que ficam dentro dos lobos temporais) para a memorização e para a evocação da memória de curto prazo. No entanto, isso não é necessário para evocar as memórias de longo prazo. É curioso, não acha? As memórias não são armazenadas no hipocampo (aliás, não são armazenadas em um local específico do cérebro, mas mais difusamente no córtex), e a evocação só depende do hipocampo quando a memória está em processo de consolidação. Esse é um conceito relativamente recente na neurologia e explica muito sobre a diferença entre esquecer coisas do passado e ter dificuldade em fixar novas memórias. A segunda opção é muito mais comum e frequente do que a primeira.

Gosto de comparar nosso cérebro com o antigo videocassete (aquele das fitas VHS, que foi inventado na década de 1970 e ficou obsoleto após o aparecimento do DVD, no final da década de 1990). Nessa analogia, a programação da TV é a nossa vida, nossas experiências. Existem vários canais, mas o videocassete tradicional consegue ler apenas um deles (o que está passando naquele momento) – essa é a atenção. Os canais não sintonizados durante a gravação não apresentam chance de fixação, por isso é tão importante triar adequadamente, já que muito mais é perdido do que atentado.

O botão vermelho REC é nosso hipocampo. Quando acionado, o aparelho grava a informação que está passando na TV. As fitas VHS são os locais de fixação (a área de armazenamento), e ficam guardadas fora do sistema, espalhadas pela casa (ou pelo cérebro). A recordação de algo já fixado não depende mais do botão REC (ou dos hipocampos), sendo necessário apenas ter a fita e apertar o PLAY.

É por isso que memórias antigas são extremamente resistentes a perdas e lesões; a natureza é sábia e preserva seu grande patrimônio. Mesmo se perdermos a capacidade de fixar novas memórias (o botão REC quebrou; houve lesões ou disfunções nos lobos temporais), a biografia e os grandes eventos do passado, anteriores à lesão, ainda poderão ser evocados. Isso delimita dois tipos básicos de amnésia: anterógrada e retrógrada.

O termo amnésia significa perda de memória. Não gosto muito dele, pois o prefixo "a" de *amnésia* denota perda total da função, o que muitas vezes não é o que acontece. O correto deveria ser um termo que abrangesse uma redução variável da função (como o prefixo "hipo", denotando *pouco*). Seja como for, ele já foi consagrado pelo uso científico e popular, portanto vamos mantê-lo nesta obra. Outro problema da palavra é que ela coloca no mesmo pacote a perda de memórias consolidadas e a perda da capacidade de formar novas memórias, que são problemas bem diferentes entre si. É como dar o mesmo nome para um defeito no botão REC do videocassete e para um incêndio no quarto onde você guarda as fitas VHS dos seus registros antigos.

Amnésia anterógrada: dificuldade que surge após determinado evento clínico. Por exemplo, alguém bateu a cabeça e após isso ficou com dificuldade para fixar novas memórias (ou seja, lesou os hipocampos). A despeito disso, ele se lembra da sua biografia prévia, mostrando que as fitas já gravadas estão a salvo. Aqui vale apenas citar um detalhe: o hipocampo é importante também na evocação de memórias recentes, o que explica que esses pacientes frequentemente apresentem um pouco de esquecimento para coisas que ocorreram dias, semanas ou poucos meses antes do início da amnésia anterógrada. Por isso dizemos que uma amnésia anterógrada pode se associar a uma ligeira amnésia retrógrada, que varia caso a caso.

Amnésia retrógrada: perda da memória relacionada a vivências ocorridas antes do evento clínico. Por exemplo, alguém bateu a cabeça e esqueceu seus últimos dois meses de vida. Sua fixação está perfeita, mas apagou registros antigos. Como dito anteriormente, as memórias autobiográficas mais fortes e antigas estão muito bem consolidadas na mente humana. Não é comum alguém esquecer o próprio nome, o nascimento dos filhos, a cidade em que nasceu e outros dados similares. O arquivamento é difuso e resistente a lesões focais. Claro que a destruição de grande parte do tecido cerebral poderia causar perdas de memórias consolidadas, mas essas situações são geralmente marcadas por perdas motoras, de compreensão e fala, geralmente bastante evidentes e associadas a um quadro de amnésia retrógrada grave.

Vira e mexe surgem relatos de casos de pessoas que esqueceram quem são, quem são seus familiares e qual é sua história de vida. O quadro geralmente se instala abruptamente, não vem acompanhado de outros sintomas motores ou neurológicos e os exames de investigação são geralmente normais. Essa forma de amnésia retrógrada intensa, isolada e sem substrato anatômico é normalmente de etiologia psíquica. Nesses casos, o paciente não apaga definitivamente suas memórias, mas elas ficam inacessíveis por um tempo variável, que pode durar dias, meses ou anos. Esse grave e incomum quadro psiquiátrico é conhecido como amnésia psicogênica. O tratamento é difícil e deve ser acompanhado por especialistas.

O fantástico caso de H.M.

Existe um caso clínico verídico (e trágico) que ensinou boa parte do que sabemos hoje sobre o processo de memorização. Trata-se do de Henry Gustav Molaison (H.M.), o paciente com amnésia anterógrada mais estudado da história da neurociência. Mas, para entender o que houve com ele, vamos contar do início.

H.M. nasceu em 26 de fevereiro de 1926, plenamente saudável, em Connecticut, nos Estados Unidos. Aos 7 anos, foi atropelado por uma bicicleta e bateu a cabeça no chão, mas, aparentemente, evoluiu bem e sem quaisquer sequelas. Eis que, três anos depois, em 1936, surgiram crises epilépticas que foram piorando em frequência e intensidade e não respondiam muito bem aos medicamentos da época.

Em 1953, com 27 anos de idade, H.M. foi operado pelo neurocirurgião William Scoville. A proposta era retirar os prováveis focos de sua epilepsia. Na cirurgia, os hipocampos (as estruturas profundas dos lobos temporais) dos dois lados foram removidos. As crises tinham origens bilaterais, e as cirurgias anteriores, que retiraram o lobo temporal de um lado, não mostraram sequelas evidentes, por isso esse procedimento radical e bilateral foi indicado.

O resultado foi absolutamente trágico: H.M. despertou da cirurgia completamente incapaz de fixar novas memórias. Sua inteligência, linguagem, criatividade e raciocínio permaneceram intactos, só que a informação era vivida apenas no seu momento de exposição, e não deixava rastro ou evidência de novas lembranças. Ele perdeu a formação da memória de curto e de longo prazos, existindo somente dentro do seu *spam* atencional – um período de segundos a poucos minutos em que conseguia se manter dentro da sua atenção concentrada.

Para a época, era curioso que tudo que ele tinha fixado antes da cirurgia ainda estivesse lá, guardado e acessível. Isso demonstrou definitivamente que os hipocampos são fundamentais para fixar novas memórias, mas que elas não são armazenadas nele nem são evocadas por ele após a consolidação definitiva. Essa tragédia revolucionou o conceito sobre memorização e funcionamento cerebral. Depois do caso de H.M., outros pacientes apresentaram quadros semelhantes (lesões hipocampais bilaterais), com resultados semelhantes.

Além de ter nos ensinado muito sobre a biologia da amnésia, o caso de H.M. mostrou o grau de incapacidade e sofrimento que uma pessoa completamente amnésica pode apresentar. Sua mente ficou congelada em uma época do passado, pré-cirúrgica, e não desenvolveu mais o encadeamento biográfico da sua própria história de vida a partir de então. Ele sempre achava que tinha 27 anos, se surpreendia com sua feição cada vez mais envelhecida no espelho, sofria, de forma recorrente, a morte dos mesmos entes queridos (dado que a informação era uma constante surpresa), dependia da ajuda alheia e experimentava uma sequência sem fim de momentos isolados.

H.M. foi submetido a milhares de testes neurológicos, uma vez que nunca se lembrava deles nem dos neurocientistas que acompanharam seu curioso caso por mais de cinquenta anos. Com esses testes e estudos, foi estabelecida a anatomia da memorização e a fisiologia dos tipos diferentes de memória. Depois do desenvolvimento da ressonância magnética, em 1997, foi possível visualizar exatamente o local e a extensão da lesão, o que, aliás, surpreendeu os neurocientistas, que esperavam uma lesão bem maior.

H.M. faleceu em 2008, aos 82 anos, em uma clínica geriátrica. Seu cérebro foi muito estudado por anatomistas e fisiologistas, assim como o cérebro de outras celebridades neurológicas, como Albert Einstein.

AMNÉSIA NO CINEMA

Alguns fascinantes personagens imortalizados pelo cinema eram portadores de amnésias curiosas. O filme mais importante sobre o tema talvez seja o suspense *Amnésia* (2001), dirigido por Christopher Nolan. Nele, o personagem Leonard (Guy Pearce) sofre um violento trauma e desenvolve um quadro clássico de amnésia anterógrada, não sendo mais capaz de fixar novos eventos. No entanto, ele luta bravamente contra sua dificuldade, procurando extrair a essência de cada situação, tatuando pontos-chaves da sua investigação na própria pele, como faria um hipocampo funcional. A forma de narração é complexa e avassaladora, e coloca o espectador no lugar do personagem amnéstico. As cenas são dispostas de trás para a frente, de modo que o que se vê é seguido de coisas que se passaram anteriormente na trama. Com isso, surge a agonia de não saber exatamente o que está acontecendo no momento. Sem memória e sem pistas da configuração do tempo presente, o espectador sente raiva e desconfiança, o que torna a obra genial. Sua estrutura é tão importante quanto seu conteúdo.

Outro filme bastante conhecido sobre o tema é a comédia romântica *Como se fosse a primeira vez* (2004), dirigida por Peter Segal. Nela, o personagem Henry (Adam Sandler) se apaixona por Lucy (Drew Barrymore), que sofre de um grave e peculiar problema de memória. Ela é capaz de fixar acontecimentos ocorridos durante um dia, mas se esquece deles durante a noite – o que seria um tipo de amnésia anterógrada mais leve (e que é fictícia). A causa do problema de Lucy é um acidente de carro ocorrido um ano antes, no dia do aniversário de seu pai – data que ela revive diariamente, uma vez que sua mente está congelada nesse dia em questão. Isso traz um cenário muito interessante, cômico e romântico (do modo como foi tratado), pois Henry precisa conquistar Lucy todos os dias. Todo o esforço dele se perde no raiar do dia seguinte, já que ela desperta pensando nunca tê-lo conhecido. A amnésia funciona como alegoria da imprescindibilidade de renovação dos relacionamentos interpessoais, da possibilidade de existirem inúmeros primeiros beijos, da necessidade de se apaixonar e se fazer gostar de forma recorrente e nova a cada despertar. Durante o filme, somos apresentados a um outro personagem com um tipo de amnésia mais grave, o Tom (Allen Covert), que apresenta uma memória limitada a dez segundos. Em sua aparição relâmpago, Tom começa a cumprimentar uma roda de pessoas e, após a menor distração, começa todo o processo novamente, se reapresentando: "Olá, meu nome é Tom". Esse ciclo se repete algumas vezes, deixando muito evidente o franco comprometimento funcional causado por essa forma terrível de amnésia anterógrada.

Outra personagem amnéstica pode ser encontrada na animação *Procurando Nemo* (2003), da Pixar. Nesse filme, somos apresentados a uma personagem coadjuvante muito carismática chamada Dory, um peixe cirurgião-patela com um óbvio quadro de amnésia anterógrada. A despeito do seu evidente esquecimento, Dory é muito engraçada e sábia, e sempre tem conselhos bastante pertinentes ao momento e compatíveis com seu contexto clínico. Ela fez tanto sucesso que ganhou um filme só seu em 2016, *Procurando Dory*, uma continuação dessa primeira animação.

O processo mnemônico

Esse termo esquisito, *mnemônico*, refere-se ao ponto central do processo de memorização: a consolidação com a determinação de uma rede associativa (limiar e gatilhos).

A palavra provavelmente vem do nome da deusa grega da Memória: Mnemosine, filha de Gaia (Terra) e Urano (Céu). Mnemosine uniu-se a Zeus e teve nove filhas (as Musas, que inspiravam artistas e poetas). Ela personifica o conceito da memória como um dom divino. Acredita-se que tenha sido uma das deusas mais poderosas de sua época, o que mostra a importância da memória como poder e supremacia. A despeito disso, existem poucas histórias sobre a nossa deusa, tendo ela mesma caído em um irônico esquecimento.

Quando falamos de mnemônica estamos falando de toda intervenção consciente ou inconsciente em prol da memorização eficiente. O processo inconsciente é automático e pouco vulnerável a intervenção. Seu rendimento é mais errático e oscilatório. Deixar o processo no automático (e portanto involuntário) é aceitar os determinantes biológicos padrões e correr o risco de esquecer inúmeros eventos importantes. Por isso, considero a intervenção mnemônica consciente muito mais proveitosa e direcionada, pois ela aumenta a probabilidade de um evento ou informação importante ser adequadamente armazenado no cérebro.

O processo mnemônico consciente é a base da intervenção nível 1 e 2, e parte de premissas gerais e de aspectos individuais, dependendo da informação e do contexto. Você precisa colocar uma bandeira mental sobre aquilo que quer memorizar, precisa intervir de modo a tornar a vivência intensa, lenta, repetida, emocional e diferente. Além disso, precisa deixar um rastro inteligente das memórias, alocando-as na gaveta mental correta e facilitando sua evocação.

Regras mnemônicas são a base da intervenção consciente. Uma boa regra carrega, como um vetor, uma informação que por vezes está desprovida de atributos de interesse, ou que é extensa demais, ou sutil demais, sendo um prato cheio para o esquecimento. Brigar por uma informação frágil é como defender um animalzinho pequeno, cuidar dele e alimentá-lo, até que ele cresça e ninguém mais possa ameaçá-lo.

Muita gente diz: "Não preciso memorizar, prefiro entender". Ou: "Decoreba é algo inútil, já que a informação está aí, acessível a todos; é preciso saber onde e como procurar". Ou ainda: "O aluno precisa saber pensar, deduzir e aplicar, e não apenas fixar fórmulas e conteúdos desconexos". Concordo em termos. Sem sombra de dúvida o entendimento e a compreensão conceitual são as bases do aprendizado; também não tenho dúvida de que memorizar conteúdos de relevância e aplicabilidade duvidosa é perda de tempo. O que não aceito é ter de escolher uma coisa *ou* outra. Aprender e memorizar nunca foram e nunca serão habilidades excludentes. Muito pelo contrário, quem entende armazena melhor o conteúdo correlacionado ao aprendizado, o que faz sentido e funciona como um catalisador. Acho que qualquer aluno de alto rendimento precisa desenvolver as duas habilidades. Não existe antagonismo; existe sinergismo.

Considero que até seja possível decorar algo sem entender (como uma lista escrita em mandarim), mas discordo que seja possível entender sem decorar coisas em algum grau. Pois a memória é a base do próprio entendimento; ele precisa ficar patente e vivo no cérebro, seu conceito tem de estar consolidado. Além disso, todo conhecimento exige um arsenal mínimo de estruturas memorizadas. Saber coisas de cor ("e salteado", como se dizia antigamente) traz velocidade e fluência e amplia o espectro de resolução de qualquer atividade. Em muitas situações, o tempo é precioso, como em uma prova, por exemplo.

Automatizar processos libera o cérebro para outras atividades intelectuais de gerenciamento *on-line*, como o raciocínio lógico, a criatividade e a tomada de decisões. Ter um bom arsenal de conteúdos na mente é como deixar uma receita de comida encaminhada, com os ingredientes já cortados, os temperos separados e as panelas dispostas. Isso não substituirá nunca a arte de produzir um prato inovador e surpreendente, mas certamente não atrapalha e traz benefícios potenciais claros. Infelizmente, nem sempre conseguiremos deduzir a fórmula de Bhaskara, nem sempre o Google estará disponível para uma busca rápida, nem sempre lidaremos com pessoas pacientes o bastante para compreender que não sabemos algo etc.

Memorizar bem é uma ferramenta que ficará a cargo da cognição; como toda ferramenta, é preciso saber usá-la. Se você tentar apertar um parafuso com um martelo, não terá muito sucesso. O equilíbrio cognitivo consiste em uma pirâmide invertida composta de paradigmas abrangentes (na base estreita da pirâmide), conceitos específicos (no meio da pirâmide) e muita informação entendida, decorada, vivenciada, imaginada (no topo). A quantidade de conhecimento que uma pessoa detém ainda é um dos critérios que utilizamos para medir inteligência e boa *performance*. E, para conseguir fixar o conhecimento, é preciso dispor de prática e método, além de alguns atalhos e de seus talentos.

Informações memorizadas / aprendidas
Conceitos específicos
Paradigmas

Pirâmide invertida do equilíbrio cognitivo

Conseguiremos dominar uma quantidade maior de informação se aplicarmos, em momentos oportunos, regras mnemônicas recomendadas para fortalecer informações insossas, árduas, espinhosas ou de difícil dedução. Para decorar bem, três aspectos são fundamentais.

1. Reconhecer a importância da informação. Isso ninguém consegue fazer por você. Só você sabe o que interessa, o que importa, quais são suas metas e objetivos. Você pode querer dominar outra língua, passar em um vestibular, melhorar sua *performance* na empresa, dominar conceitos para ampliar seu rendimento social, amplificar sua capacidade de memorização no dia a dia etc.

Ter metas e parâmetros claros ajuda muito na definição do tipo de informação que você visa a memorizar melhor. No rastreamento sensorial da vida, devemos ajudar o cérebro a pescar a informação que precisará ser adequadamente sinalizada.

2. Conhecer suas habilidades. Ninguém é igual a ninguém. Alguns são melhores com números, outros com rostos, rimas ou música; alguns memorizam por síntese, outros por expansão; alguns fazem analogias com datas, outros com eventos da vida ou com esporte, e assim por diante. Cada um precisa conhecer "onde o seu calo aperta" e qual a melhor medida de conversão para levar a informação por caminhos mais confortáveis.

Por isso, não acredito em técnicas universais, em regras mnemônicas imutáveis e milagrosas. Acredito em direcionamentos, tendências e alguns poucos conceitos que funcionam com a maioria. Mas quem controla sua maneira de memorizar é você mesmo.

Aqui, como em todas as escolhas da vida, o autoconhecimento é a base do sucesso. Claro que, muitas vezes, esse conhecimento de si precisa partir de algum lugar e será moldado com tentativas e erros. Dessa maneira, é fundamental dar o primeiro passo, buscando desenvolver seus próprios métodos. A memorização e o aprendizado são atitudes solitárias, individuais e intransferíveis. Quando alguém transmite a você um conhecimento, na verdade está transferindo uma informação, uma vivência – que, dentro do seu cérebro, em algum momento se converte em memória e aprendizado. Por mais que pareça, não existe essa conversão direta. Caso contrário, todos os alunos seriam impactados da mesma forma pela mesma explicação, o que claramente não condiz com a realidade. Ser exposto ao conhecimento é bem diferente de absorvê-lo e tomá-lo realmente para si.

3. Testar a eficiência após a tentativa de memorização. Esse é um ato de humildade e inteligência: não confie cegamente na sua memorização. Não siga adiante sem testar se o processo anterior foi finalizado. Essa medida é absolutamente primordial para garantir rendimento. Muitas vezes, achamos que já memorizamos algo, quando, na verdade, estávamos cansados ou desatentos demais para tal. Após codificar a informação e estabelecer as alças mnemônicas, se distraia com algo e logo depois procure mentalizar os pontos--chaves do processo anterior. Isso tem três finalidades básicas:

a) estabelecer uma revisão precoce: fortalece a relevância (intervenção nível 2);
b) checar a eficácia: garante o sucesso do processo, devendo retornar em caso de baixo rendimento;

c) consolidar confiança: nada como seguir em frente com a segurança de ter apresentado um bom rendimento na missão cognitiva anterior.

Vários estudantes não se testam ao final de cada etapa do estudo, de uma revisão ou mesmo de uma leitura. Vários empresários, artistas, donas de casa e aposentados também não têm o costume de sair de uma atividade mental com aspectos mnemônicos e se desafiar em uma prova precoce de evocação. Testar a si mesmo é um ato de autoconhecimento e intimidade consigo mesmo. Com esse hábito simples, tenho certeza de que você terá uma amplificação da sua *performance* e irá se conhecer melhor.

Aspectos gerais da regra mnemônica

A arte de memorizar tem seus segredos. O trabalho de conversão da vivência em memória passa por um único e determinante critério: a relevância. Do ponto de vista básico, o cérebro lê como mais relevante aquilo que se repete, que destoa e que é intenso.

A imagem mental

Já sabemos bem que a vivência é uma ocorrência interna ou externa lida por um ou mais de nossos receptores. Já a memória é a consolidação de uma imagem mental construída a partir daí. Isso define uma clara estratégia para memorizar melhor: se não pode mudar a vivência, atue na imagem mental.

Podemos amplificar, exagerar e destacar determinada situação dentro da nossa mente. Basta fechar os olhos e imaginar.

Como é uma ação comandada conscientemente, você pode editar a lembrança de modo a ressaltar aspectos determinantes, consolidando-a melhor. Por exemplo, quero memorizar um rosto do qual as sobrancelhas um pouco mais grossas, o batom vermelho da boca e os dentes levemente separados me chamam atenção. Fecho os olhos e imagino essas características exageradas, como faria um caricaturista. Pronto: meu cérebro foi sinalizado e agora lembrarei esse rosto com muito mais facilidade. Outra dica bem simples é visualizar algo mentalmente com tridimensionalidade. Quando você atribui profundidade a uma imagem mental, o esforço construtivo sinaliza engajamento e fortalece a fixação.

Isso vale também para um texto: posso circular, grifar, desenhar setas e escrever apontamentos. Posso trabalhar mentalmente destacando palavras-chaves, reconstruindo um enredo de forma engraçada e anedótica, montando cenários marcados e distorcidos partindo do ponto-chave.

Da mesma forma, essa técnica também funciona para outros sentidos. Posso memorizar a voz de alguém amplificando alguma característica de sua dicção, sua fluência, seu sotaque, seu estilo etc. Note que a amplificação parte sempre do que soa diferente, sendo isso o que define uma peculiaridade.

Partir do que é diferente é a única maneira mental de individualizar. Vamos voltar ao exemplo do rosto humano. O que diferencia um do outro são os detalhes. Somos capazes de identificar milhares deles, dar seus nomes, parte de sua biografia, dizer quais emoções estão sendo expressas, quem se parece com quem, qual sua idade estimada, entre outros atributos. Todos temos dois olhos, uma boca, um nariz, duas orelhas, sobrancelhas, testa, cabelo e por aí vai. Podemos ser loiros, ruivos, morenos, ter olhos azuis, verdes, castanhos, ter a pele mais clara ou mais escura, e mesmo assim iremos compor algumas dezenas de rostos bem semelhantes. O cérebro utiliza aqui a regra matemática do "e". Aquela pessoa em questão tem olhos claros *e* boca grande *e* cabelos longos *e* castanho-claros *e* uma cicatriz pequena perto da orelha esquerda. Note que as associações (as adições) de características individualizam a pessoa, num jogo estatístico complicado, mas automático para o cérebro. Agora, qual característica teve o maior poder de restrição de grupo? Sem dúvida a cicatriz, porque é algo peculiar e diferente. Focar na diferença é muito mais funcional do que focar na semelhança. Dizer que alguém tem dois olhos não ajuda em nada, mas dizer que esse alguém usa óculos redondos de cor verde limita absurdamente as opções.

Isso vale para tudo em memorização. Busque as características peculiares que, quando associadas, trarão a informação completa. Usar a regra do "e" (estatística básica de duas variáveis condicionadas, não independentes) multiplica as probabilidades, reduzindo muito as opções, principalmente se o aspecto for atípico e pouco usual. Se eu falar que conheço uma pessoa que usa óculos redondos de cor verde, que tem uma cicatriz perto da orelha esquerda e um olho de cada cor, certamente restringirei as opções a pouquíssimos seres neste mundo (com apenas três características). Esse é um exercício universal: fuja do óbvio, busque o anedótico, o bizarro e a diferença capaz de individualizar.

O cérebro se apaixona facilmente pela vivência estranha. Raramente esquecemos algo esquisito. O contato com o novo e sua distinção do lugar-comum gera uma oportunidade preciosa para a consolidação. Por isso, fixar é um constante ato de criatividade – de criação de aspectos ou relações improváveis para tornar aquela memória provável.

Faça esse exercício no seu dia a dia. Olhe para as pessoas e encontre o que torna seu rosto peculiar: olhos arregalados, nariz grande, olheiras, corte de cabelo assimétrico, aparelho colorido e assim por diante. Quando a alteração for sutil, amplifique mentalmente a característica e se aproveite dessa função imaginativa cerebral.

O poder de síntese

Pessoas boas em memorização são boas em sintetizar as coisas, extrair a essência, o fundamental, o teor definidor. Assim, fica muito mais fácil armazenar e organizar as coisas dentro da cabeça. Desenvolva seu poder de condensação, resuma um parágrafo em duas ou três palavras-chaves, extraia o conceito de uma página e limite a informação em uma espécie de arquivo compactado. Claro que você também precisa ser capaz de fazer o caminho inverso e ampliar a informação a partir de uma codificação mais densa.

Aqui não se trata apenas de deixar menor, mas de deixar mais simples. O cérebro carrega e integra melhor os conceitos menos complexos, mais diretos e objetivos. É impressionante a capacidade que algumas pessoas têm de simplificar, ao contrário de outras, que parecem ter o dom de complicar (aposto que você conhece gente nesses dois grupos, mas em qual será que você está?)

Isso também pode e deve ser treinado no dia a dia, em cada reunião, aula ou palestra, ao final de um filme, vídeo da internet ou texto de seu interesse. Reserve um tempo para sintetizar e extrair a essência de forma direta e simples. Fixar essa pequena parcela definidora carregará boa parte da informação contida na atividade. Isso ocorre porque a essência é a estrutura (como o esqueleto de uma casa), é o que foi aprendido e não poderia, eventualmente, ser deduzido antes da atividade. O resto é informação de preenchimento (tijolo e cimento), e o cérebro dá conta de reconstruir isso tendo a estrutura memorizada.

Funciona mais ou menos como colocar uma esponja de lavar louça dentro de uma caixa de fósforos; ela se aperta e expulsa todo o ar do seu interior, adquirindo mais densidade e um tamanho consideravelmente menor. É mais fácil guardar uma caixa de fósforos do que uma bucha de cozinha. Agora, na hora de resgatar a bucha de dentro da caixa, adivinhe? Ela retorna à sua forma anterior, pois ar existe em qualquer lugar; o importante são as fibras que definem sua estrutura.

Avise claramente seu cérebro

Muitas vezes, nosso cérebro passa batido por uma informação importante. Sempre que você estiver em uma situação que quer memorizar, é importante desenvolver um rito de sinalização.

Muitas pessoas devem se perguntar: "Como vou avisar meu cérebro se na verdade é como se ele estivesse avisando a si mesmo?" É uma boa pergunta. Se você pensou isso em algum ponto do livro, tem razão de estranhar. Conversar com seu cérebro é uma certa maluquice, mas funciona. Aliás, você faz isso constantemente; nosso pensamento é muitas vezes traduzido em linguagem e funciona como uma voz interna, que dialoga consigo mesma ou que trava um monólogo imaginativo. Tem gente que grita com o próprio cérebro, que se pega pensando em uma segunda língua (não nativa), que pensa com vários timbres, e por aí vai. O conceito de falar com o cérebro como se ele fosse outra pessoa é uma ferramenta cognitiva e emocional potente e por vezes pouco explorada. Claro, trata-se de uma abstração lógica (é como se uma régua tentasse medir a si própria). Mas pode servir para atrair o foco de atenção, para reduzir o comportamento emotivo, por vezes impulsivo, para ampliar reflexões, enfim, para exercer em sua plenitude a função de se autovigiar, de tomar decisões ponderadas em argumentação, mesmo se isso for fruto de um antagonismo interno.

Quando penso nesse conceito do cérebro moldando a si próprio me vem à mente a interessante obra do desenhista Maurits Cornelis Escher *(1898-1972)*, *Drawing Hands* (1948). Nela, uma mão pinta sua própria autora – a outra mão –, em uma paradoxal estrutura, simples e genial.

Essa comunicação – verbal, mas mental – com seu próprio cérebro pode auxiliá-lo no processo de memorização. Frases como "Isso é importante!", "Memorize isso!", "Vão te perguntar sobre isso depois!" elevam a eficiência do processo, pois sinalizam com clareza o desligamento do piloto automático. Além disso, existe um engajamento naturalmente maior na atividade, assim como um envolvimento mais lento com o estímulo.

Cada um fala com seu próprio cérebro como quiser. Eu gosto de falar com o meu de forma imperativa e simples, utilizando comandos como "Pare!", "Fixe!", "Siga!". Esses são três momentos bastante característicos.

1. **Pare:** Preste atenção, deixe os outros pensamentos e atividades um pouco de lado, pois parece haver uma informação importante aqui. Desligue o modo multitarefa, ative esses benditos lobos frontais e vamos nos relacionar com esse estímulo neste momento.
2. **Fixe:** Quero memorizar esta vivência. Rastreie seus pontos essenciais, crie uma imagem mental para isso e, se

necessário, modifique o estímulo de forma a torná-lo mais atrativo, buscando associações criativas e eficientes.
3. **Siga:** Ok! Demos tempo suficiente (efeito GPS, lembra?) Atentamos e cumprimos a etapa da intervenção consciente nível 1 (no ato da vivência), e podemos seguir adiante para outra atividade.

Em casos selecionados, faremos recordações precoces programadas (intervenção nível 2, durante o decaimento) ou deixaremos rastros para tropeçar nessa informação em um momento oportuno (abordaremos esse conceito adiante).

Isso pode ser crítico nos estudos, no rendimento profissional, na memorização de nomes e rostos, endereços, eventos sociais, e assim por diante. A manobra PARE-FIXE-SIGA é rápida, simples e muito eficiente para aspectos cotidianos.

Existem muitas formas de avisar seu cérebro de que ele está diante de algo importante, desde falar claramente com ele até se engajar em processos mais sutis como "lentificar" a vivência. O simples fato de reduzir o ritmo diante de algo importante já sinaliza ao cérebro que ele deve prestar atenção. É como pisar um pouco no freio: a desaceleração é um sinal leve e elegante de mudança de comportamento.

Cada um deve buscar o melhor jeito de aplicar esse conceito. Eu, por exemplo, gosto muito de aplicar um recurso para sinalizar a necessidade de fixar uma determinada imagem. Diante de um estímulo visual importante, eu pisco os olhos duas vezes, de forma rápida, concentrada e bem consciente. Nesse momento, penso em meu cérebro como se fosse uma câmera fotográfica registrando um momento peculiar. No começo, não dava muito certo; era algo relativamente constrangedor e tinha resultados frustrantes. Atualmente, isso funciona de um jeito muito interessante para mim. Meu cérebro se condicionou a amplificar sua atenção visual quando percebe a mudança do comportamento. Claro que é um recurso usado muito eventualmente, até para manter sua efetividade. Isso é muito diferente de um tique, que ocorre para aliviar uma tensão. Trata-se de um sinal sutil que traz uma associação mental com um receptor potente – a câmera fotográfica. O ato não gera memorização, mas inicia um processo complexo de intervenção consciente.

Há gente, por exemplo, que gosta de repetir uma palavra-chave duas ou três vezes durante a vivência, ou fechar os olhos e recriar a imagem mentalmente, ou mesmo dizer em voz alta ou escrever uma nota sobre a informação. Seja como for, trata-se de uma forma objetiva e direta de ativar as vias da atenção e elevar "na marra" o grau de envolvimento com determinada atividade.

Crie associações mentais

Essa é a pedra fundamental da mnemônica. Nosso cérebro gosta daquilo que faz sentido, que lhe diz alguma coisa, que traz sentimentos, que se complementa, como uma rede sequencial e arborizada de informações. Não existe memória solta, desancorada, que não leva a lugar nenhum. Toda lembrança tem aspectos associativos, se conecta a seus gatilhos (que lhe dão origem na evocação) e a seus sucessores (informações que a utilizam como seu gatilho). Adaptando John Donne (1572-1631), afirmo: nenhuma memória é uma ilha. Não existe vivência que se basta apenas em si; todas são fruto de um contínuo cognitivo profundamente dependente de sua rede de associação mental.

Por isso, nada mais justo que ajudar seu cérebro a criar essa rede associativa. O capricho dessa função empresta parte da potência da informação acessória à informação principal. Uma boa associação funciona como um vetor, capaz de carregar uma vivência com potencial, mas sem carisma. Imagine uma caixa de madeira boiando no mar por uma simples questão de densidade. Agora, suponha que você precise levá-la até o fundo do mar. Não tem jeito, você vai precisar de algo capaz de afundar a si próprio e ainda carregar a tal caixa consigo – uma âncora, que pode vencer o empuxo e levar sua caixa para onde ela deve estar.

Uma boa âncora seria algo bem pesado. E peso para o cérebro é relevância. Busque sempre associar coisas que tenham aspectos emocionais, que façam parte da sua vida, da sua história e que estejam consolidadas há muito tempo. Assim funciona uma associação mnemônica eficaz: ela agarra e aprofunda a informação hipocampo adentro. Promover relações funciona muito bem para números, imagens (rostos, por exemplo), nomes, sequências, tabelas, senhas etc.

Por exemplo, queremos memorizar o ano 1170, pois parece que isso cairá na prova semana que vem. Então o desmembramos em 11 (número de jogadores de um time de futebol) e 70 (ano do tricampeonato mundial da seleção brasileira). Note que a informação parece ter ficado maior, mas ficou mais fácil; esse é o milagre da associação. A data 1170 não nos diz muita coisa, não nos emociona e não nos motiva, mas, quando a desmembramos e a transformamos em algo que sabemos, a informação ganha maior notoriedade para o nosso cérebro, ainda mais se eu for alguém que gosta de futebol (atribuindo à informação um componente emocional e de meu interesse). Perceba que o pulo do gato está na rede associativa interna, dentro das âncoras escolhidas – no caso, temas relacionados ao futebol.

Isso vale para qualquer coisa. Busque fragmentar, ajeitar e remendar a informação de forma que ela atinja um bom potencial de memorização, que depende totalmente do seu perfil criativo.

Vamos agora aplicar conceitos de mnemônica em outro exemplo cotidiano: o clássico episódio da perda do carro no estacionamento do *shopping*. Entramos focados no presente e passamos batido pelo local do estacionamento, ou até damos uma olhadinha de qualquer jeito e depois o apagamos na hora de resgatá-lo posteriormente.

Essa é uma típica informação que queremos na memória recente, mas não necessariamente no longo prazo (uma vez que a usaremos logo depois e nunca mais), por isso considero a intervenção nível 1 adequada e suficiente. Primeira ação: pare! Interrompa as atividades mentais para focar no local onde parou o carro, olhe para a placa de localização na parede, que geralmente traz a identificação com um número e uma letra. Imaginemos que seja F4. Agora, o cérebro está avisado e irá processar alguma associação criativa. Processamento: carro, vaga, F4, carro de Fórmula 1, quatro rodas no carro. Imagino quatro rodas gigantes. Estacionei um carro de Fórmula 1 com quatro rodas gigantes. Pronto, lá está minha informação nascida de uma intervenção consciente.

E se você estiver no setor G2? Processamento: G de garagem, estacionamento, garagem, carro com dois faróis dianteiros, imagem do meu carro na garagem com dois brilhantes faróis dianteiros acessos. Outra imagem mental eficiente. São exercícios básicos e cotidianos que ficam melhores e mais fáceis a cada tentativa.

Mas, para um aprofundamento mais consistente da informação, como dados de seus estudos e trabalho, por exemplo, exigem-se outros níveis de intervenção, com revisões periódicas, rede associativa mais complexa, intervenção nível 2 precoce (preferencialmente antes do decaimento), interação multissensorial, e assim por diante.

Para criar boas associações mentais, muitas vezes é necessário dividir a informação em partes, unidades funcionais que se conectarão pelo tema geral. É fundamental que você se arrisque e não tenha vergonha de si mesmo; as associações mais bizarras e forçadas são as que mais funcionam. Parta sempre do pressuposto de que *qualquer* associação é melhor que *nenhuma* associação.

Utilize o encadeamento

Esse é mais um conceito interessante em mnemônica. A criação de um fio condutor entre um conjunto de eventos a ser memorizado é um facilitador potente na consolidação. Nosso cérebro é muito melhor com histórias do que com palavras ou eventos desconectados. Nossa mente busca sempre agrupar em conjuntos, por semelhança e similaridade. Algumas vezes, precisamos definir um encadeamento da informação.

Observe o seguinte grupo de palavras: maçã, uva, pêssego, mamão, banana, abacaxi. Agora, memorize!

Seu cérebro partirá de um conceito geral unificador: trata-se de uma sequência de frutas. Na evocação, você nunca chutará algo que não seja uma fruta, certo? Esse conceito aborda uma unidade semântica (no caso, frutas).

Veja esta outra sequência: folha, faca, faísca, Fernando, farofa. Procure novamente memorizar.

Temos agora palavras desconectadas, mas unidas por um equilíbrio fonêmico, pois todas começam com a letra F. Podemos até esquecer algumas, mas não chutaremos nada (na evocação) que comece com outra letra.

Outra: rindo, rastejando, roendo, rasgando, rugindo, regendo.

Aqui, temos a intersecção de três grupos: verbos, no gerúndio, começados com a letra R. Note o impacto positivo que esse padrão coletivo traz para a memorização e evocação dessas palavras.

Memorizar sequências, seja de palavras, seja de números, não é tarefa fácil. A pior estratégia é tentar ir "na raça" – na força de vontade, martelando cada item separadamente. É melhor perder um tempinho e buscar um encadeamento que unifique todo ou parte do processo, mesmo que você tenha que implantar pontes para completar uma história.

Vamos encadear estas cinco palavras: MENINO, BOLA, JANELA, TELEFONE, PAREDE.

Trata-se de cinco substantivos concretos, cada um começando por uma letra e sem aparente correlação semântica. Mas nosso cérebro consegue facilmente encadeá-los em uma história linear e provável: O *menino* chutou a *bola,* que quebrou a *janela,* derrubando o *telefone,* que bateu na *parede.* O encadeamento auxiliou a memorização por definir um fio condutor, dando unidade, continuidade e leveza à memorização.

Agora, vejamos uma sequência numérica: 248.261. Procure memorizar.

Vamos trabalhar a informação. É um número composto por seis dígitos, composto por duas metades começadas pelo número 2 (note que o ponto no meio do número auxiliou essa separação em metades). Seriam todos números pares se não fosse o último (1). Note que essa informação não é boa, mas qualquer associação é melhor que nenhuma associação! Olhando com carinho, percebo uma lógica interna: na primeira metade, 2 × 4 = 8. Ótimo! E na segunda metade: 2 × 6 = 12. Mas a premissa anterior dizia que eram seis dígitos, logo, posso desprezar o último número (aliás, já tinha 2 demais aí dentro mesmo). Acabou. A memorização ficou tranquila: 2 × 4 = 8 . 2 × 6 = 1̶2̶ (basta sumir com os sinais).

O encadeamento nada mais é do que uma associação mental coletiva, uma norma interna que governa uma determinada memória. Isso não elimina a necessidade de decorar as partes, mas eleva a possibilidade da evocação seriada com alguma dedução de parte perdida no processo.

Funciona como aquele passatempo de ligar os pontos e formar uma imagem unificada.

Crie regras personalizadas

É muito importante desenvolvermos nossas próprias regras mnemônicas, por isso acredito muito mais em transmitir conceitos do que em transmitir padrões definidos, técnicas estanques e inflexíveis. É aquela velha história de ensinar a pescar, buscar adaptar paradigmas à sua realidade, às suas vivências e aos seus objetivos individuais, desenvolvendo um *modus operandi* personalizado, que pode variar durante sua vida ou de uma situação para outra.

Quando você trabalha a informação procurando a regra ideal, já está memorizando. Mas vamos exemplificar com algumas regras consagradas pelo uso, inventadas por alguém e tão boas que são transmitidas de geração para geração entre os estudantes.

Quem fez cursinho já deve ter ouvido: "Minha terra tem palmeiras onde canta o sabiá, seno A × cosseno B, seno B × cosseno A". Eis aqui uma mnemônica consagrada. A *Canção do exílio*, de

Gonçalves Dias, empresta sua rima e musicalidade para o cálculo da soma dos senos de dois ângulos (é um exemplo curioso de associação e encadeamento).

Hoje em dia, eu mal sei o que é seno e cosseno e também não imagino por que alguém desejaria fazer essa conta. Mas essa rima ainda vive na minha mente. Isso mostra a força de uma mnemônica.

Outra bem conhecida vem da Química: "Gostoso pirulito no bico do pato". Essa frase aparentemente inocente e inútil carrega dentro de si uma preciosa lembrança sobre o sufixo de sais e ácidos da química inorgânica: *oso* vira *ito*, assim como *ico* vira *ato* (por exemplo: nitroso/nitrito, sulfúrico/sulfato). Trata-se de outro exemplo de uma regra consagrada com conceitos bem aplicados. Mas evidentemente a aplicabilidade disso dependerá de compreensão e entendimento muito mais profundo da matéria.

Existem milhares de outras regrinhas, musiquinhas, *jingles*, siglas e outras estruturas conhecidas de vestibulandos e concurseiros. Antigamente, por exemplo, cobrava-se o conhecimento da tabela periódica, de diversas fórmulas da Física, de classificações da Biologia etc. Atualmente, a informação é cobrada de um jeito diferente, com mais interdisciplinaridade e de uma forma mais conceitual, baseada na solução de problemas. A capacidade de manipular a informação importa mais que a "decoreba" pura e simples, ou a nota de rodapé de um livro. Em algumas avaliações, o próprio examinador disponibiliza fórmulas e tabelas para consulta, partindo do pressuposto de que somente um bom aluno saberá usá-las de forma ideal. Considero esse um grande avanço na educação. Apesar disso, ainda é muito importante aprender a adquirir conteúdo. E mais importante que conhecer as famosas regrinhas do cursinho é saber produzir *links* mentais relevantes, criativos e inéditos, que funcionam bem para você, para o seu estímulo e para o seu contexto.

A verdade é que essas regras mnemônicas universais ensinam mais sobre a memória do que sobre o tema de que elas tratam. Deve-se entender a engrenagem e a ferramenta por trás delas, em vez de simplesmente decorá-las. Em cognição, o que importa é a ferramenta. Principalmente aquelas que se adaptam e se ajustam a diversos parafusos, o que é melhor que um modelo específico, tipo "chave e fechadura", capaz de trabalhar com apenas um tipo peculiar e raro.

Crie pistas de evocação

Tendemos a esquecer coisas que fogem da nossa rotina. Muitas vezes, quando deixamos o cérebro evocar de forma espontânea uma determinada atividade, nos colocamos em um risco iminente de falhas, pois existe uma diferença muito grande entre evocar determinada coisa quando solicitada e evocar algo de forma espontânea, por uma necessidade oculta.

Amanhã não posso me esquecer de levar este documento para o trabalho. A noite passa e pela manhã lá vou eu saindo sem o bendito documento. No meio do dia, a necessidade me dirige novamente a ele... Putz, esqueci! Mas será que esqueci ou lembrei? Pois a existência dele está clara na minha mente, assim como sua necessidade. Bom, esqueci antes e lembrei agora, diriam alguns. Mas será que é possível esquecer e depois se lembrar de algo realmente esquecido? Apagar algo da mente e depois resgatar, sem ter contato com o estímulo outra vez? Claro que não. Na verdade, eu não me esqueci do documento, de forma alguma, apenas não fui direcionado a ele no momento oportuno – uma desatenção momentânea por falta de um gatilho programado. Muita gente confunde isso. Esquecer é uma coisa; não evocar na hora precisa é outra completamente diferente. Isso ocorre porque o cérebro humano não tem um sistema preciso de alarme, nem uma agenda prospectiva infalível. Ele está ocupado com as demandas do dia a dia e só gera a evocação mediante um gatilho.

Pessoas inteligentes plantam gatilhos no seu futuro, espalham dicas como se estivessem brincando de caça ao tesouro, criam hábitos que reduzem a taxa média de *esquecimentos*. Por exemplo, sempre que saio de casa, me pergunto: será que esqueci alguma coisa? Esse é um hábito de segurança. Na maioria das vezes, a resposta será negativa, mas vez ou outra um equívoco será evitado.

Um exemplo de como plantar um gatilho e ser levado a tropeçar na informação no futuro é utilizar *post-its*, colando-os na tela do computador. Assim, terei certeza de que a informação retornará à minha mente em um momento oportuno, gerando revisão e me expondo em uma situação mais pertinente à resolução. Isso é falar com você mesmo no futuro. Deixar um boleto para pagar amanhã em cima do teclado, mandar um e-mail para si mesmo com um lembrete, tomar medicamentos sempre atrelados ao café da manhã, colocar um alarme no celular etc. são infinitas possibilidades de conversas através do tempo, das quais um leve gatilho evoca oportunamente uma lembrança.

Quem nunca viu aquela emblemática imagem que simboliza a memória e o esquecimento: uma mão fechada com o indicador levantado e um barbante amarrado nele, com um laço? O barbante simboliza que algo foi memorizado, é uma pista física e palpável de um compromisso mental de recordação.

Toda evocação espontânea merece uma pista como gatilho. Maldito o homem que confia em si mesmo (interpretando livremente um trechinho bíblico de Jeremias 17:5). Deixar a cargo do futuro o poder de gerar uma evocação necessária é terceirizar parte da resolução do seu problema. Plante gatilhos e você colherá lembranças. Esse é um conceito precioso. Muitas vezes, confiamos demais em julgamentos baseados no nosso *eu do presente*, que apresenta interesses diferentes do nosso *eu do futuro*.

Uma atitude sábia é ancorar atividades *esquecíveis* com atividades *inesquecíveis*. Por exemplo, às vezes esqueço minha carteira e/ou meu celular em casa. Isso ocorre por distração, principalmente em dias em que saio atrasado, preocupado ou resolvendo algum problema concomitante. Uma alternativa simples e eficiente seria sempre deixar a carteira e o celular junto à chave do carro, pois não consigo de jeito nenhum sair de casa sem ligar meu carro, me obrigando a recordar os itens *esquecíveis*.

Revise

Se quer consolidar, revise. O cérebro gosta de coisas repetitivas; se ele viu algo de novo, em outro momento, deve ser importante. Esse é um dos principais determinantes da promoção de memória recente para lembranças de longo prazo, e é a base neurobiológica da intervenção nível 2. Toda revisão é uma nova vivência, mas dessa vez uma versão mental, um estímulo interno já codificado em padrões cerebrais de recordação. Por isso, é uma ferramenta cognitiva de alta potência. O tempo é implacável com qualquer memória; a falta de recordação vai podando suas pontas soltas – os gatilhos –, tornando a memória fraca, nublada e com alto limiar de evocação. A recordação reacende e amplifica a rede associativa, sendo o alimento da lembrança no combate ao esquecimento.

Muitos estudantes pecam nesse quesito, considerando revisões seriadas uma perda de tempo, como se fossem um desperdício que poderia ser canalizado para a ampliação do conteúdo. Grave engano. Revisões são mais rápidas, direcionadas e são atividades de alta densidade cognitiva. Na revisão, um leve toque associativo é capaz de tirar a esponja de lavar louça de dentro da caixa de fósforos. Omitir ou evitar a revisão significa ter que aprender quase tudo novamente, pelo prejuízo intenso do decaimento.

CONCEITOS MNEMÔNICOS
1. A imagem mental
2. O poder de síntese
3. Avise claramente seu cérebro
4. Crie associações mentais
5. Utilize o encadeamento
6. Crie regras personalizadas
7. Crie pistas de evocação
8. Revise

O esquecimento

O esquecimento é uma das partes mais importantes do processo de memorização, sendo um determinante crítico para uma boa saúde mental. Muita gente tem a visão equivocada de que o esquecimento é a falta de memória, uma falha ou imperfeição do processo. Alguns acham, por isso, que ele deve ser evitado a todo custo. Esse é um conceito falso que merece revisão. Esquecer é tão, ou mais, importante quanto lembrar.

O esquecimento pode ocorrer em qualquer fase do processo, seja com uma memória em consolidação (aliás, esse é o destino de muitas delas), seja com memórias consolidadas (após meses, anos ou décadas). Ele pode ser total ou parcial, restando aspectos frágeis e longínquos de trechos e pedaços que não chegam a compor uma lembrança completa de algo. O sistema é, em grande parte, automático (involuntário) e também sujeito a falhas, para mais e para menos.

Faça um exercício: tente esquecer alguma coisa voluntariamente. É impossível! Mais do que impossível. Ao tentar esquecer, você, paradoxalmente, lembrará melhor, porque o esforço e o pensamento sobre algo fortalecem sua importância mental e sua rede de associações. A relação do cérebro consciente com o esquecimento não é nada amistosa, pelo contrário, qualquer esforço será punido com mais memorização. Isso demonstra a autonomia do processo e seus critérios próprios de gerenciamento.

Nosso cérebro automaticamente atribui um *grau de irrelevância* ou de *não segurança* para determinadas memórias. Diante disso, ele elimina lembranças inúteis ou esconde da consciência memórias perigosas. Esse processo é vital para certas capacidades humanas como superação, combate à frustração, perdão etc. Também é muito importante para que não tenhamos um sem-número de vivências recorrentes, fúteis e inúteis. Nossa mente poda lembranças como quem poda uma árvore de crescimento constante.

Os critérios de esquecimento são parcialmente conhecidos. Quando pensamos em memórias mais recentes, cairão no esquecimento as vivências muito leves, comuns, fora de um contexto emocional de exposição e pouco acessadas nos dias subsequentes à vivência original (decaimento). Quando abordamos memórias bem consolidadas, os critérios de esquecimento são mais complexos e mais imprevisíveis, sendo o fator tempo (quanto mais o tempo passa, pior a lembrança), o número de recordações e o significado emocional os mais importantes. Memórias muito intensas podem permanecer vivas e acessíveis por toda uma vida, estando principalmente relacionadas a marcos, como o dia do casamento, a aprovação no vestibular, o nascimento dos filhos, uma viagem especial, entre outras proporcionalmente significativas. Esses eventos se destacam pelo elevado teor sentimental e pelo nível de expectativa envolvidos, pelas revisões periódicas (conversas posteriores e fotos) e por se tornarem (eventualmente) datas comemorativas.

Agora, um cuidado peculiar deve ser direcionado a nossas memórias traumáticas e negativas. Algumas lembranças ruins são úteis para o nosso amadurecimento e crescimento pessoal e evitam a repetição de erros. Essas, o cérebro fixa e pode resgatar com facilidade. No entanto, algumas lembranças traumáticas precisam ser atenuadas, omitidas ou contidas na mente para não gerar um sofrimento crônico, uma inabilidade de gerenciar o presente ou o franco comprometimento de aspectos funcionais relacionados ao controle emocional. Esse mecanismo de proteção é conhecido popularmente como memória seletiva (tendência maior de lembrar conscientemente aspectos positivos frente aos negativos). Muitas lembranças disfuncionais são colocadas em segundo plano, no nosso subconsciente, evitando recordações dolorosas e contraproducentes. Esses arquivos *escondidos* podem eventualmente ser acessados com psicoterapia, técnicas de indução como hipnose e mesmo em contextos espontâneos e peculiares. Há quem acredite que a presença de memórias mal resolvidas pode colaborar para o surgimento de muitas doenças físicas e mentais, mas isso é assunto para outro material.

Existe um transtorno psiquiátrico bastante descrito e estudado conhecido por síndrome do estresse pós-traumático. Nele, a pessoa passa por situações altamente angustiantes, inequivocamente estressantes, como acidentes, desastres naturais, violência urbana ou sexual, nas quais ocorreu risco de lesões ou mesmo de vida (seja sua, seja de pessoas queridas). A partir de então, ela passa a exibir, mesmo depois de semanas ou meses após o ocorrido, sintomas de revivência, ansiedade, depressão, pesadelos, disfunção cognitiva, imagens recorrentes, entre outros. A pessoa que manifesta esse tipo de transtorno pode apresentar sofrimento intenso e incapacidade de manter sua *performance* emocional, com franca perda da qualidade de vida. A manutenção crônica do fenômeno estressante, mesmo cessado o fator causal, é culpa, em parte, da memória. Nesse caso, o cérebro é bombardeado por lembranças intrusivas, totalmente disfuncionais, que não agregam nada.

O esquecimento falhou na contenção, pelo menos parcial, dessas memórias negativas. Essa pessoa sofre por excesso de memória, que a persegue como uma sombra aonde quer que ela vá. Não podemos negligenciar a função fisiológica do esquecimento.

Muitas vezes, atendo pessoas que adoeceram emocionalmente por saudade extrema (como no caso de falecimento de um cônjuge depois de cinquenta anos de casamento), por frustração com eventos muito antigos, por desejos patentes e exagerados de vingança, por franca incapacidade de superar perdas e afastamentos... São todas, em determinado grau, doenças do esquecimento.

Além dessa regulação emocional, exposta de forma dramática para explorar o conceito, o esquecimento tem uma função de organização e de controle quantitativo. Imagine a quantidade de informação inútil que poderia ser armazenada na falha do sistema de esquecimento. Imagine um computador com todos os arquivos que você já manipulou na vida. Como seria evocá-los? Quantos gatilhos não levariam a memórias imprecisas? Seria uma grande confusão.

Algumas pessoas, por exemplo, são dotadas de hipermnésia, uma capacidade inata de recordar quase tudo, mínimos detalhes das mais irrelevantes das vivências. Eles têm uma "memória de elefante", como diria minha avó. Esses hipermnésicos sofrem demais porque a incapacidade de esquecer lota a mente de informação sem utilidade e desorganiza o processo de administração mental. Sorte daquele que consegue esquecer com perfeição e equilíbrio! Imagine pensar em um sorvete e lembrar a cor do botão da camisa do sorveteiro que lhe vendeu algo parecido há oito anos. Cansa só de imaginar. A memória precisa é enxuta, direcionada e conceitual. O excesso leva à fadiga, confunde e reduz o rendimento funcional.

A ciência está avançando muito na compreensão dos mecanismos celulares e moleculares da memorização, mas está engatinhando quando se trata de esquecimento. Ainda não se tem clareza das bases moleculares específicas do esquecimento, se ocorre um apagamento da facilitação sináptica, uma reversão ou um desvio na cadeia associativa, eliminando os caminhos que levariam àquela memória. A evolução do conhecimento poderia nos conduzir ao desenvolvimento de terapias capazes de alterar as vias do esquecimento, reduzindo pelo menos em parte o fardo que algumas pessoas carregam dentro da cabeça.

DIVERTIDA MENTE

Em 2015, a Pixar me surpreendeu positivamente. Ou melhor, divertidamente. Fui assistir à animação com minha esposa e milha filha de 3 anos, mas, na verdade, assisti a uma fascinante aula de neurociência. Nela, acompanhamos ocorrências de vida sob dois aspectos distintos: o mundo externo e o mundo interno (mental).

De forma lúdica e colorida, somos apresentados à percepção, ao envolvimento cerebral, ao gerenciamento emocional e à tomada de decisões. Nossa protagonista, uma menininha de 11 anos chamada Riley, é controlada a partir de uma sala gerenciada por cinco emoções fundamentais: Alegria, Tristeza, Raiva, Medo e Nojo. Mas as alegorias neurológicas não param por aí. O processo de memorização é brilhantemente apresentado segundo seus mecanismos de relevância, de processamento seriado, de contexto sentimental, de poder em determinar suas escolhas posteriores e do seu aspecto mais inevitável, o esquecimento. Esse último, aliás, é tratado como merece, como um potente e cruel mecanismo mental, fundamental para que uma nova ordem neurológica se estabeleça, em complexidade crescente.

Acompanhamos, com pesar, o amadurecimento cognitivo e emocional da nossa sofrida heroína. Aprendemos que não existe evolução sem perdas, sofremos com a destruição de suas ilhas infantis de personalidade, nos remoemos com a queda de muitas memórias preciosas no vale do esquecimento e choramos com a morte de personagens que não têm a menor chance de sobreviver na nova era mental. Temos que trabalhar a inexorável desconstrução mental, fonte de tantas transformações quanto de entradas sensoriais. Assistimos à luta constante para manter intactas as memórias fundamentais e conceituais que definem nosso caráter, nossas raízes e nossas referências mais profundas de aprendizado. Passeamos pelas sombras do subconsciente e nos divertimos com as lambanças do sistema elaborador de sonhos.

Tudo é metafórico e transmite, de forma simples e intuitiva, complexos conceitos de neurologia do aprendizado e do comportamento. O maior crescimento que se vê no transcorrer da história é o da personagem Tristeza, inicialmente coadjuvante, intimidada, negativa e indesejada, apagada pela postura carismática e proativa da Alegria. Mas, durante a evolução dos problemas, Tristeza se mostra poderosa, precisa, indispensável e possivelmente a verdadeira força motriz de mudanças de paradigmas mentais.

O filme mostra como crises geram transformações de dentro para fora, como a introspecção e a tristeza, aliadas, levam à busca de referências interiores capazes de gerar renovação. O esquecimento é visto como uma chance para um novo presente, minimizando a batalha covarde do agora com um passado insuperável. Acredito muito nesse conceito. O saudosismo (por vezes exagerado, por vezes não) limita as chances do presente e até do futuro, nessa contínua guerra dos tempos que molda nossa subjetiva percepção de prazer, bem-estar e felicidade.

Com toda a certeza, a Pixar se cercou de consultores de qualidade, conseguindo um resultado muito feliz com uma obra que consegue agradar minha filha de 3 aninhos, minha esposa e a mim, com meus chatos olhos de neurologista.

Se você não assistiu a esse desenho (ou se o viu de maneira menos atenta), faça-o. Não vai, de forma alguma, se arrepender. Até porque, se está lendo este livro, é porque tem interesse, em algum grau, nas reflexões sobre a mente humana.

Perguntas interessantes sobre memória

1. É possível duas pessoas se lembrarem do mesmo evento de formas diferentes?

Não só é possível como é extremamente frequente. A memória é uma versão da realidade, e não o seu *registro literal*. Muita gente acha que uma lembrança é uma cópia, mas na verdade é só uma aproximação imersa em interpretações, expectativas e certo grau de "achismo". Temos na mente fragmentos da vivência, uma teia de nexo causal e um inter-relacionamento das informações, mas, com frequência, omitimos, distorcemos, amplificamos e até criamos alguns detalhes ausentes na experiência em si.

Aliás, o cérebro é *expert* em preencher pequenas lacunas de informação sem nenhuma cerimônia. Vejamos dois exemplos emblemáticos, fora do tema memória, que mostram como o cérebro completa um detalhe a que não tem acesso.

O primeiro vem do sistema visual, da nossa retina. Existe um ponto na distribuição de receptores luminosos (que captam a informação visual) onde a informação falha, o chamado ponto cego. Justo nessa região ocorre a junção das fibras e a saída do nervo óptico. No entanto, esse ponto cego (ou mancha cega) não é percebido pelo cérebro. Nossa imagem visual é perfeita, sem sombras, lacunas nem imperfeições. Nossa mente completa a imagem com habilidade, baseando-se em informações do outro olho e da periferia do ponto escuro, em um ato perspicaz, sutil e silencioso de criação, encobrindo a área não apreendida. Se um exame de campimetria visual (que mede exatamente cada ponto do nosso campo de visão) for feito, perceberemos claramente que o tal ponto cego existe mesmo e que um pequeno objeto disposto exatamente nele não será percebido, apesar de o cérebro não estar vendo a mancha preta, demonstrando a falha acobertada.

O segundo exemplo surge do sistema de sensibilidade profunda e superficial. Quando alguém amputa um membro ou parte dele, o cérebro pode ter a sensação de que o membro ainda está lá – ele inclusive pode coçar ou doer, um fenômeno que chamamos de sensação ou dor do membro fantasma. Essa curiosa manifestação neurológica é fruto da manutenção das vias centrais e periféricas que sinalizavam ocorrências naquela região que não existe mais. A ausência de informação vinda daquela área permite que o cérebro confabule sobre ocorrências ou interprete-as como fenômenos desagradáveis, como dores e formigamentos.

Com relação a memórias, pode ocorrer algo análogo. Pequenos detalhes são frequentemente criados para reduzir lacunas e otimizar a expressão do ponto-chave, mesmo que isso seja feito sem uma participação consciente e sem má-fé do interlocutor.

Uma história contada muitas vezes, por exemplo, pode ir se afastando lentamente da realidade original. Quem nunca ouviu o ditado "Quem conta um conto aumenta um ponto"? Nosso cérebro não é uma câmera de vídeo que armazena seus arquivos em um formato fiel e imutável. Na verdade, trata-se de uma rede biológica de facilitação sináptica altamente diferenciada que resgata os pontos-chaves de uma vivência e, mediante contextualização, monta a parte da história que você deseja resgatar.

É por isso que duas pessoas podem ter memórias diferentes acerca do mesmo evento – não completamente diferentes, mas divergindo em alguns detalhes eventualmente relevantes. Dependendo do estado emocional da vivência, do ponto de vista, das memórias anteriores, entre outras variáveis individuais e contextuais, duas pessoas podem discordar em alguns aspectos, apresentando relatos aparentemente contraditórios. Muito provavelmente a história real é diferente, em algum grau, de ambas as reconstruções mentais.

2. Nosso cérebro pode ter memórias de coisas que não aconteceram (falsas memórias)?

Sim. Trata-se de um evento comum e geralmente inócuo, mas que pode trazer eventuais problemas e constrangimentos. Todos nós temos algumas memórias não verídicas, coisas que achamos que vivemos, mas que não ocorreram. A origem das falsas memórias é variada: pode ser algo que alguém disse, que você sonhou, a que assistiu em um filme, ou mesmo que gostaria que tivesse ocorrido. Por vezes, somos confrontados com memórias que temos certeza que ocorreram, mas estamos errados. Para o cérebro, o que diferencia uma lembrança verdadeira de algo que você ouviu ou imaginou é uma sensação subjetiva de familiaridade, de algo vivido, associada à lembrança, uma espécie de *déjà vu*. Essa importante sinalização é determinante para nossa impressão final, mas também pode apresentar falhas e *bugs*, tanto para mais como para menos. Podemos ter certeza de que não vivemos algo que vivemos (esquecimento), como podemos ter certeza de que vivemos algo que na verdade não vivemos (falsa memória).

Existem pessoas mais suscetíveis à indução de formação de falsas memórias, e outras mais resistentes. Você deve conhecer alguém que é facilmente induzido a acreditar em coisas que nunca viveu, demonstrando uma espécie de ingenuidade de lembrança, sendo essa pessoa altamente sugestionável e influenciável por evidências por vezes fracas.

Não raro, todos nós temos uma sensação de familiaridade espontânea quando, por exemplo, vamos a um local a que nunca fomos antes e sentimos aquela estranha sensação de já ter estado lá. Às vezes, conhecemos uma pessoa e, logo no primeiro encontro, sentimos que já a conhecíamos. Trata-se de um fenômeno ainda pouco compreendido pela ciência, que frequentemente recebe explicações religiosas. Sabemos que a estimulação de determinadas áreas do lobo temporal (na região mais superficial chamada de córtex) pode trazer essa sensação subjetiva de algo que ocorreu conosco em outro tempo. Crises epilépticas que nascem no lobo temporal também podem trazer essa sensação de forma aguda e repentina, sinalizando uma estimulação patológica nessa área peculiar.

Existe, inclusive, uma sensação oposta a isso, o *jamais vu*. Nela, a pessoa sente uma estranheza em relação a algo que deveria ser familiar. Essa sensação pode também estar associada à epilepsia de lobo temporal e a patologias cerebrais ou emocionais. Pessoas saudáveis podem, eventualmente, ter *déjà vu* e *jamais vu*, sem que esse seja um sintoma que necessite tratamento.

3. Existem realmente pessoas com mais facilidade para memorizar números, rostos, localizações? Por que elas se destacam, se é tudo capacidade de memorizar?

A memória é um processo altamente dependente de gosto pessoal e influências culturais, familiares e ambientais. Algumas pessoas são ótimas para sequências numéricas, outras para nomes ou datas, algumas dizem nunca esquecer um rosto ou um caminho. A facilidade em gerenciar determinado tipo de informação repercute diretamente no conforto e na habilidade de consolidá-la na mente. Os determinantes são genéticos e ambientais; o contato precoce com determinada linguagem pode alterar profundamente a familiaridade que o cérebro terá com uma informação específica.

Certa vez, em um programa da Rede Record, encontrei um músico de uma família musical muito conhecida e talentosa. Ele me revelou ter uma dificuldade eventual em lembrar nomes e números, mas uma facilidade extrema para sequências musicais. Era capaz de memorizar sequências com uma única exposição e recordar trechos apresentados a ele há muitos anos. Eis aqui um exemplo típico de exposição precoce e talento genético. Muito provavelmente ele foi apresentado à música pelos pais antes mesmo da alfabetização, e a linguagem se tornou elementar e intuitiva para ele.

Reconhecer esse fator específico é crucial para exercitar suas dificuldades e explorar seus talentos. Se souber seus pontos fracos, é possível atuar preventivamente, se antecipando a um futuro de esquecimento, realizando conversões sensoriais no ato da vivência e fazendo revisões precoces. Um exercício interessante é tentar transformar estímulos com os quais você tem dificuldade em estímulos com os quais você tem facilidade, buscando um caminho mais longo, mas mais efetivo. Essas individualidades podem ser observadas em todos os aspectos da cognição humana, gerando um espectro enorme de perfis intelectuais.

Para que o nosso músico melhorasse sua *performance* com a fixação de nomes, sugeri que ele atribuísse notas musicais a cada sílaba, trazendo musicalidade para o encadeamento fonêmico.

Por exemplo, imagine o nome *Rodrigo* sendo dito de forma padrão e monotônica. Agora procure dizê-lo com ritmo, atribuindo uma escala melódica e alternando notas em cada sílaba. Nesse momento, a variação sensorial deixa de estimular apenas o lado esquerdo do cérebro (área da linguagem, mais literal) e passa a estimular regiões também à direita (relacionadas à musicalidade e à prosódia da linguagem).

APRENDENDO A ESTUDAR

Este capítulo eu dedico a professores, pais e, principalmente, a estudantes dos mais diversos tipos e com as mais diversas aspirações. O intuito é abordar, de modo abrangente e conceitual, alguns aspectos neurobiológicos que frequentemente limitam o rendimento escolar e acadêmico, gerando distorções no ensino e formando alunos limitados, com pouca autonomia e que precisam constantemente reaprender, caindo em um círculo vicioso ineficaz. Os conceitos aqui desenvolvidos não são novos nem revolucionários, mas sim um apanhado de princípios básicos de franca utilidade pública raramente aplicados, a despeito de sua simplicidade. Alguns foram de certa forma abordados por educadores e neurolinguistas dotados de muita experiência, didática e sabedoria. Desses, destaco o trabalho de um grande professor, Pierluigi Piazzi (1943-2015), que organizou, sedimentou e difundiu muitos dos conceitos que debateremos em parte deste capítulo.

Nossa discussão não será apenas sobre a escola. Aliás, esse é um erro frequente; a escola é apenas um ponto da rede de ensino. A missão do aprendizado deve ser compartilhada entre todos: pais, familiares, professores, a sociedade, além do próprio aluno, é claro. Todos nós somos educadores (além de eternos alunos) e exercemos nossas funções com apontamentos, direcionamentos e, principalmente, com exemplos. Delegar o ensino de alguém apenas à escola é abdicar de preciosas ferramentas de educação, se esquivar da responsabilidade de educador e desconhecer os percalços internos do aprendizado. A escola lida com coletividade e padronizações, enquanto outros educadores (como os pais, por exemplo) lidam com o indivíduo no seu momento de maior potencial cognitivo, no seu isolamento.

Eis aqui o primeiro conceito fundamental do ensino: descentralização. A escola é importante, mas não é tudo em educação. Ela traz a dimensão curricular, cobra presença em aulas, apresenta conteúdos, aplica provas e tem seus critérios de aprovação. Mas ser um bom estudante é muito mais que isso; é se envolver de forma mais integral, é aprender a administrar o tempo e desenvolver as próprias técnicas de gerenciamento da informação. O estudo nasce quando a aula termina. Aqui temos uma das fragilidades do nosso processo escolar: o aluno não aprende a estudar.

Durante o período estudantil, somos cobrados por todos os lados – devemos ter regularidade e assiduidade, cumprir atividades, prestar atenção na aula e tirar boas notas. O estudo não entra em nenhum desses pontos. Explico: ir às aulas e cumprir suas obrigações escolares torna você um bom aluno, um espectador comportado; a atividade é neurologicamente passiva, mastigada e ritmada pelo professor. Já estudar é algo de outro nível. É interagir de forma pessoal, trabalhar o conteúdo de modo a sedimentá-lo na memória de longo prazo. É um evento individual, silencioso, um ato de introspecção e entrega. As funções da aula e do estudo são diferentes, mas complementares. Sou a favor de aulas, mas não se pode restringir o estudo a ir às aulas e fazer as lições de casa.

Vou parafrasear Andrew Lang (1944-1912): use as aulas como um bêbado usa o poste, mais como ponto de apoio do que como fonte de iluminação.

Nesta vida, já assisti a milhares e milhares de aulas, e imagino que você também. Algumas foram muito boas e outras muitos ruins, mas, na média, foram ministradas por pessoas bem-intencionadas, treinadas e que dominavam o conteúdo. A retenção de todo esse conteúdo não foi, no entanto, nada satisfatória. E a culpa não é dos meus queridos professores (e talvez nem minha, propositalmente), mas faltou alguma coisa que pudesse terminar o serviço começado por eles. Faltou o golpe de misericórdia na informação, o evento capaz de consolidar com mais consistência todo o conteúdo a mim exposto. Faltou estudo, e eu nem percebi.

Nem eu e nem ninguém. Um menino de 11 anos de idade que frequenta todas as aulas, faz a tarefa de casa e tira boas notas é um bom estudante? Não sei. Sei que é um ótimo aluno. Mas ser estudante é algo diferente. E essa diferença não é apenas semântica, é estrutural. Estudantes são alunos diferenciados, que aprenderam a aprender – que tomam as rédeas do próprio ensino, entendem tanto com as aulas boas quanto com as ruins, expandem conteúdos, carregam por anos de vida escolar conceitos e suas aplicações, trazem consigo bagagens de longo prazo, são o terror dos concursos e vestibulares e dominam o mercado de trabalho. O ponto-chave é migrar, o quanto antes, de bom aluno para bom estudante.

Então estudante é quem gosta de estudar? Não necessariamente. É apenas quem desenvolveu o hábito de estudar, assim como alguém que desenvolveu o hábito de escovar os dentes mesmo sem gostar. Ninguém vira estudante por pressão da escola, até porque se vira estudante depois da aula, lembra? Nos tornamos estudantes quando estamos sozinhos, geralmente em casa, quando traçamos uma meta e digerimos um conteúdo, colocando-o na mente do nosso jeito, ancorando, adaptando, utilizando grande parte das dicas e conceitos dos capítulos anteriores.

Certo, mas como os estudantes ruins tiram notas boas e passam de ano? Boa pergunta. Isso ocorre porque o modelo focado em provas programadas é outra arapuca escolar. Muitos alunos bons se tornam estudantes de última hora, mas ainda ruins. Estudam nas vésperas das provas. Com isso, apresentam boas e até ótimas notas. Só que isso não garante o aprendizado, pois eles vão para a prova com a informação na memória recente, pré-decaimento, guardada na mente por proximidade temporal e não por consolidação.

O foco do estudo não é a prova, mas a retenção no longo prazo. A prova é mais um momento de provar (como a palavra já diz) que você aprendeu. Ela é um efeito colateral do sistema, e não o desfecho. Mas plantamos isso na cabeça do aluno. "Por que você está estudando? Tem prova amanhã?!" ou "Vai estudar, menino! Amanhã você tem prova." Nos condicionamos a relaxar em fases sem provas e intensificar o processo nas vésperas. Eis aqui um dos maiores contrassensos do aprendizado, pois isso cria o condicionamento baseado em um evento crítico isolado, levando o cérebro a acreditar que, após cumprida a missão, a informação pode ser descartada. Então, passada a prova (garantida a boa nota), o primeiro banho que o aluno toma leva água abaixo boa parte do conteúdo recém-aprendido. O modelo centrado na prova mantém a informação superficial e pouco resistente ao tempo.

Boa parte dos nossos alunos passam catorze anos na vida escolar e terminam o ensino médio despreparados, seja para seguir a profissionalização, seja para enfrentar desafios como os vestibulares ou os concursos públicos, mesmo que tenham sido bons alunos e com uma boa relação com a escola. Aí surge a necessidade de fazer o famoso cursinho, um intensivo direcionado que visa a corrigir falhas de ensino e do aprendizado e a preparar o aluno para desafios específicos. Ao entrar em um cursinho, o aluno se dá conta de que aprendia errado, não necessariamente por culpa isolada dos professores, mas por culpa dele mesmo. Muito do que deveria ser revisão se torna visão, um primeiro contato. O aluno olha e pensa: "Vi isso algum dia, mas nunca aprendi". A fase de cursinho promove, em parte, a transformação do bom aluno em um estudante melhor, por vezes a tempo de ele evoluir e ser aprovado em alguma prova seletiva. Esse modelo baseado no "antes tarde do que nunca" acaba se tornando uma adaptação necessária frente ao desperdício do potencial da fase escolar pré-vestibular. Não deveria ser assim. Deveríamos aprender a estudar muito antes, focados e comprometidos com o longo prazo, tornando o sistema de aprendizado mais suave e contínuo.

Mas, se o objetivo é um vestibular ou um concurso público, por que o modelo focado em provas seriadas não funciona?

Porque são coisas muito diferentes. As provas da escola apresentam um conteúdo definido, geralmente bem delimitado. Não cai o que não foi visto em sala, certo? A quantidade de informação é milhares de vezes menor. Não obstante, existem outras notas, recuperações etc. O impacto emocional também é muito menor. Para provas seriadas de escola, o modelo de estudo de véspera funciona bem (pensando no propósito nota), pois é possível manter a demanda de informação na memória recente, além de ser fácil evocá-la mesmo estando relativamente cansado, depois de um ou dois dias de estudo intensivo. A meta da prova escolar também é completamente diferente. A busca é por um rendimento acima de uma média conhecida. É você contra você, e, se atingir o objetivo, você passa de ano.

Já nos vestibulares e concursos, o buraco é bem mais embaixo. A matéria é infinita, e toda uma vida escolar pode ser cobrada, limitando e inviabilizando qualquer tentativa de estudo de véspera. O examinador não deu aulas a você, e nada garante que o que será cobrado lhe foi apresentado antes ou da mesma forma. Além disso, há a questão emocional. Aqui, é tudo ou nada, existem muitas coisas em jogo e não dá para fazer recuperação. Insisto no aspecto emocional, pois o estresse agudo dificulta a evocação de informações superficiais, pouco consolidadas. O estudante precisa estar seguro, com a informação disposta organizadamente, de forma bem sedimentada e robusta, ou será atingido por lapsos, "brancos" e baixas de *performance* no ato da prova. No vestibular, não é mais você contra você, não importa mais tirar nota azul ou vermelha; sua aprovação depende da competição com outros estudantes, sendo o resultado fruto de um parâmetro flutuante e comparativo.

Vestibulares e concursos são para estudantes de alto rendimento, não para alunos apenas bem-intencionados. Quanto antes você virar um estudante, mais precocemente vai se diferenciar da média. É interessante notar que o vestibular, nesse caso, é apenas mais um efeito colateral, mais um mal necessário da nossa sociedade, servindo o fim para justificar os meios.

Criando um estudante

Para você não ficar com saudade das minhas analogias esquisitas, vamos a mais uma. O ensino tradicional, esse em que o aluno assiste à aula, faz tarefas eventuais e estuda na véspera da prova é semelhante a um prego sendo pregado na madeira lentamente. O aprendizado é feito de forma salteada, de tempos em tempos, pagando um elevado preço no decaimento inicial da memória (pós-aula) e outro precioso na realização de provas menores pautadas em informações mal consolidadas. A falsa impressão de aprendizado mostra que esse prego é ineficaz, que não tem ponta; além de a madeira ser muito dura, o trabalho não rende como deveria e a estrutura não fica firme. A energia empregada em uma pancada é dissipada e o intervalo entre as marteladas é amplo demais.

O modelo mais eficaz seria como um parafuso sendo apertado – uma atuação contínua e progressiva, naquela espiral ascendente (ou descendente) de que falamos antes, lembra? A informação precisa orbitar o estudante de forma recorrente e em nível progressivo, todos os dias, um pouco por dia. Se apertar o parafuso com regularidade e frequência, não precisará martelar. Quando ele está bem preso, pode resistir uma vida inteira, ainda mais se a madeira for dura. Precisará de energia, ritmo e constância. É a mesma diferença entre um corredor de curta distância e um maratonista. A vida escolar, acadêmica e profissional é uma maratona mental; você precisa agir de forma regular e contínua, podendo dar alguns piques eventuais.

Isso não quer dizer que você não deva rever a matéria nas vésperas, e nem que o estudo de última hora seja sempre prejudicial. Cada caso é um caso. O problema é transformar essa ferramenta eventual em um modo de vida.

Muito se discute também acerca do currículo escolar mínimo, da qualidade dos professores e da estrutura educacional. Esses são temas realmente fundamentais para a construção de uma pátria educadora. No entanto, pouco se fala em educação extra sala de aula, em mudança de mentalidade e no nível do estudante brasileiro, que ainda não desenvolveu a cultura do estudo diário. A função do professor, a meu ver, é delimitar conteúdos, transmitir conceitos com facilidade, dirimir dúvidas, converter e transmitir informações complexas com simplicidade, técnica e empatia. Ele é responsável pela vivência, pela apresentação do saber estruturado. Agora, o aprendizado propriamente dito não é responsabilidade do professor, até porque ele não tem como garantir isso. O aluno é que terá que persistir até garantir que o conhecimento tenha sido sedimentado, buscando o professor sempre que necessário. E não adianta tomar emprestado o conhecimento e aplicá-lo uma ou duas vezes (como o aluno de véspera). O bom estudante toma o saber para si, podendo utilizá-lo em diversos momentos, se fortalecendo com autonomia, e não sendo um mero receptor sem compromisso.

Ser aluno é um evento passivo; ser estudante, ativo. A raiz biológica dessa necessidade nasce dos conceitos abordados nos capítulos anteriores deste livro, de intervenção nível 1 e nível 2.

A neurobiologia do aprendizado

Experiências que não atingem critérios de relevância inicial vão ser conduzidas, inicialmente, para a vulnerável fase de consolidação, e serão marcadas apenas por proximidade temporal, junto com eventos cotidianos diversos. Sua chance de aprofundamento estará em uma recordação precoce e estruturada, que precisa ocorrer dentro da janela de decaimento, de horas a poucos dias após a exposição.

Já o apagamento inicial é implacável e muito mais intenso. As primeiras dezesseis horas me parecem definir uma janela preciosa para o primeiro resgate, principalmente no caso do estudo, já que se encontram estrategicamente alocadas próximo o suficiente do primeiro estímulo e geralmente ocorrem antes da primeira noite de sono. Isso é muito importante, pois o sono pode agir a seu favor ou contra você. Digo isso porque sabemos que a fase R.E.M. pode aprofundar as memórias recentes e relevantes, mas pode também apagar informações triadas como inúteis e desnecessárias.

Vamos a um exemplo claro. Assisto a uma aula de Geografia pela manhã, cujo tema abordado é bacias hidrográficas. Convenhamos que eu até tento prestar atenção, mas esse não é um assunto emocionalmente palpitante, *a priori*. No ato da vivência, durante a aula, já ocorre uma intervenção de nível 1. Um bom aluno busca identificar conceitos-chaves, anotar detalhes importantes, plantando dicas para o seu eu do futuro. A aula acaba e vou para casa. A informação recebida hoje está ali na memória recente (em consolidação), junto com o meu café da manhã, um filme a que assisti um dia antes, algo que alguém me contou no intervalo etc. Então minha ampulheta vira! O tempo começa a correr e se inicia a fase do decaimento. A prova bimestral ocorrerá daqui a um mês e meio, e nada me motiva a estudar aquilo antes. Pronto, esse é o cenário mais comum e mais contraproducente que um aluno terá na sua vida escolar. Na véspera da prova, eu terei que reaprender, pois o decaimento ceifou boa parte do conteúdo. Além disso, eu tornarei a colocar a informação na memória recente, à mercê de nosso apagamento pós-prova. Veja que a informação foi vista duas vezes, mas o largo intervalo e as muitas noites de sono intermediárias não permitiram a sobreposição de uma memória fraca e frágil à memória realmente estruturada, firme e segura.

Por isso, ao assistir a uma determinada aula ou palestra ou ao sair de uma reunião importante, você precisa encontrar um momento para resgatar os conceitos importantes logo nos primeiros dias, idealmente nas primeiras dezesseis horas. Nesse instante, o envolvimento com a informação será outro (nível 2). Sai a passividade de receptor e espectador. Você precisa resgatar da sua mente, fazer as associações mnemônicas pertinentes, organizar a informação na gaveta correta e só seguir quando tiver certeza de que fixou o conhecimento.

Isso significa dizer que o estudo em pequenas quantidades todos os dias é a forma mais eficaz de estudar. De tempos em tempos, um bom estudante faz revisões cada vez menores e mais direcionadas para reavivar ainda mais os conceitos estruturais (essa seria uma intervenção inteligente, de nível 3). Dessa maneira, uma aula não vai acabar quando você deixar de assistir a ela, mas somente quando você terminar de estudá-la. Essa é a base do lema de um importante cursinho, utilizada também por alguns colégios e sistemas de ensino: "Aula dada, aula estudada hoje!"

Estudo efetivo

Um estudo efetivo é aquele bem direcionado, sem perda de tempo e energia e com rendimento adequado. Estudar certo é melhor que estudar muito. Relembro que estudar é um ato individual e intransferível, que o ambiente precisa ser adequado (silencioso, organizado, iluminado, harmonioso), que você precisa estar descansado, motivado, alimentado e confortável com a situação. Você estuda para reter, para ancorar, e não para aplicar o aprendido apenas no dia seguinte.

O poder da escrita

Nenhuma atividade estimula mais a memorização que a escrita. Escrever é uma atividade neurologicamente intensa, complexa e consolidadora. Para escrever, você precisa processar, não há outra forma. A informação passeia pelo cérebro e é sintetizada em um ato motor. Existe também a questão contextual da escrita: algo escrito é feito para durar, para resistir ao tempo. Esse é o próprio substrato do nascimento dessa modalidade de linguagem na raça humana – transmitir e sustentar a informação.

Abuse da escrita, seja na forma de resumo, seja em apontamentos ou até em rabiscos. O *looping* gerado pelo ato de escrever e ler o que escreveu já garante uma boa vantagem na memorização.

Tentativa e erro

Cada um aprende melhor de um jeito, você precisa testar e ver o que dá certo para você. Essa fase é a de determinação do método. Aliás, às vezes um método pode funcionar para um determinado tema e não para outro, ou em determinadas fases da vida, mas não em outras. Estudar é ditar o seu ritmo e aplicar os seus recursos cognitivos – isso exige criatividade e paciência.

É claro que o estudante precisa partir de algum ponto, e para isso precisa ter um material bem organizado, com um conteúdo atualizado e abrangente. Outro aspecto importante é definir metas de curto, médio e longo prazos. Estabelecer metas é absolutamente necessário para adequar o ritmo, e essa não é sempre uma tarefa fácil. Boas metas não podem ser elevadas demais, pois geram sobrecargas e frustrações, mas também não podem ser pequenas demais, para não perder seu efeito motivador e não acumular estudos na reta final. A meta adequada é aquela que você consegue vencer com algum esforço, indo um pouquinho além para massagear seu ego e ganhar uma reserva preciosa.

Evite metas muito longas e com pouco efeito no seu dia a dia. Prefira fracioná-la, obtendo um *feedback* mais rápido e motivador. Você não vai conseguir perder 10 quilos sem perder 1 quilo primeiro – esse é o espírito. Outro erro do estudante é estabelecer metas baseadas no tempo, do tipo "Vou estudar três horas por dia". Prefira metas baseadas em conteúdos e matérias (tarefas determinadas). Isso porque o tempo necessário vai depender do seu rendimento; alguns dias, três horas geram mais conteúdo, outros dias não, e algumas matérias acabam ficando a descoberto. O fato de você focar na tarefa e não no tempo faz com que seu cérebro se envolva melhor, já que esperar o tempo passar não resolve meta nenhuma.

O gosto pelo estudo

Vejo muita gente dizer: "Tal pessoa não gosta de estudar". Acho essa observação complicada, assim como a conotação comodista que isso traz, como se estudar fosse uma escolha e como se houvesse alguma alternativa no mundo de hoje que não fosse o estudo e a diferenciação cognitiva. Muitas vezes, essa "falta de gosto" é fruto de experiências negativas, tardias e frustrantes, que precisam ser revistas e reinterpretadas. O aprendizado deve ser encarado em um aspecto muito mais abrangente que o sentido escolar. Não existe alguém que não tenha prazer em aprender. O que geralmente ocorre é uma esquiva direcionada para o sistema de ensino tradicional, e o aluno acaba gostando de aprender outros conteúdos ou passa a utilizar outros métodos. A falta de motivação é, muitas vezes, um desapego emocional com aquilo que recorrentemente não dá certo. Não sei estudar, não tenho bom rendimento e recebo reforço negativo, logo não gosto disso. Nesse caso, é o estudo, mas poderia ser um novo instrumento, um esporte, um idioma. Qualquer coisa que estabeleça uma relação esforço/conquista desfavorável será interpretada como falta de gosto. Então caímos no insolúvel "paradoxo Tostines": o estudante não gosta de estudar porque não aprende ou não aprende porque não gosta de estudar?

A motivação é fruto do prazer ou da necessidade, como aquela história de ensinar pelo amor ou pela dor. De qualquer forma, o estudo precisa se tornar um hábito. Não existe outro caminho. Aí entra a missão dos educadores (e nesse grupo novamente coloco professores, pais, familiares e toda a sociedade) de encontrar o caminho para fazer nascer o instinto de estudante a tempo de salvar a vida escolar e profissional dos seus alunos. Pois a vida certamente fará isso um dia, nem que seja de um jeito atrasado, agressivo e cruel.

A energia mental com maior capacidade de vencer um hábito inadequado é o entusiasmo. Sem ele, não se chega muito longe em atividade nenhuma. Percebemos que cruzamos o cabo da Boa Esperança quando mudamos o paradigma, alteramos nossa visão do problema (primeiro passo do enfrentamento) e quando surge o primeiro sopro de entusiasmo. Encontrá-lo em si e desenvolvê-lo nos outros é tão complicado quanto necessário. O entusiasmo nasce quando a vontade vence a obrigação, quando o meio antecipa o prazer do fim, quando fazemos por nós mesmos, porque algo é realmente certo ou por um bem maior, e não somente por pressão externa.

Muita gente descobre tardiamente que passou a vida estudando errado, que a maturidade na eleição de prioridades poderia ter chegado uns anos antes, e se sente impotente com os rigorosos critérios de seleção dos vestibulares, concursos, empregos e outras provações da vida. Mas nunca é tarde demais para operar mudanças, sendo esse o único caminho que pode modificar os resultados.

Não existe outro patrimônio senão a educação. Mais do que espalhar conteúdo, é fundamental formar pessoas críticas, pensadoras, reflexivas, capazes de absorver o conhecimento por si, buscar e converter informações, gerando seres que não apenas repetem o passado, mas que constroem um futuro com intervenções pautadas na problemática de sua era.

O rendimento cognitivo na hora H

Todo estudante um belo dia é testado. Não basta aprender, ele vai ter que demonstrar que aprendeu. Aliás, em vestibulares e concursos, vai ter que demonstrar que absorveu mais conteúdo e/ou mais habilidades do que seus concorrentes.

O rendimento final é fruto de estudo, de habilidades inatas e da capacidade de articulá-los no ato da resolução da prova. Vejo muita gente que faz tudo certinho, tem um baita talento pessoal, mas fracassa por descuidos na hora H.

No ato da resolução, as funções primordiais são: evocação, raciocínio lógico, criatividade, gerenciamento do tempo e estabilidade emocional. Dessas, a mais complicada e ameaçadora é, sem sombra de dúvida, a estabilidade emocional. O estresse agudo instabiliza o estudante e perturba diretamente todas as demais funções em questão.

Mês passado, recebi um *e-mail* de um estudante que fez o Enem (Exame Nacional do Ensino Médio) me agradecendo por um texto publicado em um importante jornal de São Paulo, em que dei dicas comportamentais para fazer uma boa prova naquele ano. Ele escreveu: "Você escreveu o óbvio, mas, quando eu li, percebi que enxergava de tudo, menos o óbvio. Obrigado!"

Até esse dia, eu sempre considerei que algo *óbvio* fosse inferior, talvez até desnecessário. Com essa interessante mensagem, eu também enxerguei algo que não enxergava até então: o valor do *óbvio*.

ENEM: DICAS PARA OBTER UMA BOA NOTA

Após um longo e árduo ano de estudos, chega enfim a tão esperada prova do Enem. Toda uma vida escolar será avaliada em duas tardes, sob a pressão do tempo, da cobrança (interna e externa), da ansiedade etc. É um momento em que precisamos de toda a nossa capacidade mental para resgatar com eficiência os conceitos aprendidos anteriormente e mostrar todo o nosso arsenal intelectual para resolver os problemas propostos pelo temido examinador.

O rendimento cerebral no dia de uma prova como o Enem é exigido de forma complexa e abrangente. Controle emocional, foco, capacidade de evocação (de memorização), estratégia, raciocínio lógico, criatividade e rapidez são as modalidades cognitivas mais importantes nessa hora.

A missão durante a prova é realmente árdua: abrir a gaveta mental certa (de acordo com o tema), relacionar áreas diferentes do conhecimento (interdisciplinaridade), buscar na montanha de conhecimentos prévios a informação precisa para matar determinado dilema, fugir das pegadinhas, controlar o ritmo de resolução e escapar dos brancos. Ufa! É uma verdadeira maratona cerebral, e os detalhes podem fazer toda a diferença. Não basta estar preparado; é fundamental conseguir acessar a informação com segurança, velocidade e não oscilar no transcorrer da prova.

Pecar por falta de conhecimento e preparo é uma coisa; ir mal por descuido, ansiedade e dificuldade de acesso a informações consolidadas é outra completamente diferente. O preparo do aluno deve, sem dúvida, incluir medidas para reduzir o risco de ter um dia mentalmente ruim bem na hora de demonstrar todo o seu potencial escolar.

Seguem algumas dicas para uma boa *performance* no dia da prova.

Grau de cansaço. Um cérebro descansado é sempre mais confiável. Procure dormir bem na semana que antecede a prova e reduzir a carga de estudos. Priorize revisões leves e temas em que você tem mais facilidade e domínio. Também não abuse na atividade física, prefira exercícios aeróbicos leves, alongamentos e atividades ao ar livre. Isso ajuda a suportar a tensão muscular durante a prova e controla o sono e a ansiedade.

Controle emocional. Ansiedade e estresse fazem parte do pacote, não tem jeito. A adrenalina e o medo do fracasso ajudam o cérebro na motivação e no foco. O problema é a dose! Excesso de tensão e ansiedade elevam o risco de cometer erros bobos, dificultam a percepção de detalhes e provocam os temidos brancos (falhas grosseiras de evocação de conteúdo já sedimentado). Para reduzir a ansiedade, é fundamental cumprir o cronograma de estudos, entender a limitação do processo (é impossível saber e dominar todo o conteúdo), praticar atividades de lazer e exercícios físicos com certa regularidade, trabalhar a respiração (que deve ser lenta e profunda) e retirar a carga de importância do evento. Na hora H, o estudante precisa apenas responder com tranquilidade – nada de ficar martelando que é o evento mais importante da sua vida, que você não pode falhar, que o mundo acabará se você não for bem e outras ideias catastrofistas como essas. Isso não ajuda a encontrar a resposta correta de nenhuma questão.

Confiança. É muito importante entrar confiante e manter essa confiança durante a prova! A insegurança leva à perda de tempo e contamina todo o rendimento durante a avaliação. Evite estudar temas novos ou muito complexos nos dias que antecedem a prova. Valorize o que você estudou durante o ano, não fique pensando naquilo que você não estudou ou não aprendeu. Trabalhe sua autoestima. Inicie a prova com assuntos que você domina, pois isso traz segurança, motivação e ajuda no controle de tempo. Não fique fragilizado com questões de que você não sabe a resposta. Toda prova tem questões difíceis e até imprecisas, mas cada teste vale a mesma coisa. Não permita que questões específicas tirem sua estabilidade. Se não sabe a resposta, siga com tranquilidade e volte às complicadas apenas no final. Isso evita desgaste e perda excessiva de tempo.

Estratégia de prova. Toda missão exige uma estratégia. A prova não seria diferente. Conheça bem as regras do jogo, o tempo total, o número de matérias e questões por matéria. Atribua tempos específicos para cada uma, de acordo com o grau de dificuldade individual. Seja frio e calculista. Você precisa pontuar! Chegue com antecedência, com a documentação em mãos, gerencie a dinâmica da prova, preencha o gabarito com tranquilidade etc.

Alimentação. Nada de fazer a prova com fome ou sede. Alimente-se adequadamente nos dias que antecedem a prova e principalmente durante o teste. Evite alimentos duvidosos e excessos (isso deixa o processo mental mais lento e dá um baita sono). Prefira alimentos leves, de fácil digestão e com um bom perfil nutricional. Carboidratos integrais, frutas, massas leves e barras de cereais são boas pedidas. Mantenha uma boa hidratação, mas evite beber líquidos demais para não ficar com vontade de ir ao banheiro a toda hora, o que tira o foco da resolução (aliás, sempre se planeje para ir ao banheiro logo antes de entrar na sala). Durante a prova, tenha em mãos algum alimento rápido e um pouco de água; a atividade mental junto com a ansiedade causam um razoável gasto energético, e a água reduz um pouco a tensão nos momentos difíceis.

Facilite a evocação. O cérebro precisa encontrar as gavetas mentais certas para evocar o conhecimento. Cada parte da prova versa sobre um universo peculiar. Uma dica é evitar ficar pulando de uma matéria para outra sem necessidade; procure entrar em determinado tema e encerrar as questões desse tópico antes de passar para o próximo. Outra sugestão é mentalizar, por alguns segundos, coisas relacionadas ao tema que você irá adentrar – o rosto dos professores dessa matéria, a capa da apostila ou dos livros, os temas básicos, entre outros pensamentos sugestivos. Trata-se de um exercício mental de poucos segundos que leva o cérebro para o contexto correto e ajuda na evocação do conteúdo específico.

Valorize o *insight* e sua intuição. Nem tudo é lembrança consciente ou raciocínio lógico. Nosso cérebro trabalha com impressões por vezes dissociadas de linguagem e de rastro de lembrança. Chamamos isso de intuição ou *insight*, uma impressão subjetiva e desancorada de que algo está correto ou não, que vai ocorrer ou não. Na prova, na ausência de capacidade cognitiva de resolver conscientemente um teste, chute e arrisque baseado na impressão subjetiva e intuitiva inicial, pois a chance de acerto será maior. É muito comum trocar o chute por tentar racionalizá-lo e se arrepender depois.

O pensamento criativo

Você já deve ter percebido, a esta altura do campeonato, que este livro tem vida própria e que tenta a toda hora fugir do tema inicialmente proposto – memória. Eu juro que busco, na medida do possível, minimizar os floreios a fim de levar a cabo nossas intenções iniciais. No entanto, não posso discutir memória sem pisar um pouco fora do esquadro e apontar reflexões sobre o restante da cognição humana. A memória vive em um contexto mental e conhecer seus vizinhos e aliados é conhecer sua essência, uma vez que os processos funcionam em paralelo e em prol da tomada de decisões e da busca da felicidade.

Certa vez, a âncora de um programa de rádio me questionou qual seria, na minha opinião, a função cerebral mais nobre. Em profundo silêncio, eu usei os três segundos que nos dão em uma entrevista ao vivo e respondi: a criatividade.

Passou pela minha cabeça a lógica, a linguagem, a memória, a capacidade visuoespacial, o cérebro social... Mas, na dúvida, escolhi a que mais me fascina, me intriga e me surpreende.

O pensamento criativo é um diferencial importante em praticamente todos os ramos de atuação. Trata-se de uma função sofisticada do cérebro, que de tempos em tempos nos surpreende com uma visão diferente, inédita e altamente efetiva sobre determinado problema.

A solução criativa aflora quando conseguimos driblar os caminhos do raciocínio lógico sequencial, quando escapamos do óbvio e lançamos um olhar alternativo, diferente da média da população. Com ela, é possível resolver elegantemente inúmeros problemas do dia a dia. Ela é altamente valorizada social e profissionalmente. O valor de um profissional criativo é incalculável, pois a qualquer momento ele pode encontrar uma medida inovadora, que poderá render ou economizar dinheiro, tempo e trabalho.

Ser criativo é pensar diferente, de forma não ortodoxa, lançar um foco novo sobre um dilema antigo, fazer os outros enxergarem aquilo que sempre esteve diante deles, criar atalhos mentais, surpreender o cérebro alheio gerando a pergunta "Como não pensei nisso antes?" Para isso, devemos desenvolver uma série de modalidades cognitivas, colocá-las em prática e, enfim, colher seus frutos.

Uma boa memória se vale de uma boa criatividade. A cadeia associativa precisa do empenho cerebral em encontrar relações curiosas e interessantes o suficiente para atrelar graça, emoção e surpresa à vivência, aumentando assim a relevância da informação.

Vamos para aqueles que são, ao meu ver, os cinco passos fundamentais para quem quer se tornar mais criativo.

1. Dê-se o direito de errar

Quem quer ser criativo precisa, obrigatoriamente, se permitir o erro. O que diferencia a ideia genial da absolutamente equivocada é, muitas vezes, um detalhe. O raciocínio lógico e comum é menos fadado ao erro. O criativo arrisca mais, inventa, testa, ousa, e com isso paga seu preço: erra mais. Fugir do óbvio leva a territórios mais perigosos, mas também muito mais férteis.

Vamos a um exemplo. Imagine um jogador de meio-campo com a missão de gerar situações de gol. Esperamos dele criatividade, certo? Jogadas previsíveis, padronizadas e burocráticas serão muito mais facilmente marcadas pelo adversário. Portanto, ele terá que arriscar, sair do óbvio, pegar a defesa desprevenida, tentar fintas complicadas e bolas com efeito, arriscar passes com profundidade etc. Não tenha dúvida de que ele irá errar alguns lances, fazendo seu time correr novamente atrás da bola, mas esse é o preço da ousadia. Sua missão é acertar de vez em quando, poucas e preciosas vezes. Se não bancar o risco, não estará fazendo seu trabalho. Se errar dez vezes e acertar duas bolas geniais, será certamente o herói do jogo.

Agora imagine um jogador de defesa. Você espera criatividade dele? Seu ofício é bem diferente, e um erro pode ser fatal para o time. Ele deverá ser atento, firme e inventar muito pouco – para ele, nada de firulas, toquinho de lado, dribles desnecessários. Ele vai preferir o estilo "Bola para o mato que o jogo é de campeonato". O foco é na tarefa, impedindo o gol do outro, jogando feio, de forma eficiente. A meta é erro zero. Se acertar dez vezes e errar apenas duas, será certamente o pior em campo – um contexto bem diferente do nosso meio-campista.

A criatividade é nosso habilidoso meio-campista, e o raciocínio lógico sequencial, nosso eficiente zagueiro. Não se ganha jogo nenhum sem um bom rendimento de ambos. Cada ação mental necessitará de parcelas variáveis de um e de outro.

2. Mude o ponto de vista

Se quer ver o que ninguém viu, precisa olhar as coisas como ninguém olhou. Mude a visão do problema! Dê um passo para trás e observe tudo de longe, aperte os olhos e desfoque. Coloque-se na visão de outras pessoas, brinque de resolver o problema em outros contextos. Pergunte-se: "O que eu faria diante disso se eu fosse milionário?", "E se eu não tivesse um centavo?", "E se ninguém estivesse vendo?" Você vai ver como seu cérebro irá traçar caminhos novos. Talvez você descubra um conceito inédito a ser trabalhado.

É interessante ver como mudar o ponto de vista pode ser revelador. Muitas vezes, enxergamos os problemas de dentro deles, e ficamos sem condições de reagir. Imagine-se dentro de um furacão, com tudo girando, um barulho ensurdecedor, poeira e um completo caos ao seu redor. Agora, imagine a mesma cena vista de fora, de longe, enquanto você está num silêncio protegido, sentado em uma poltrona, refletindo sobre todo o estrago e as opções de resolução. Ainda é o mesmo furacão, mas encarado sob outro ponto de vista, outro senso de urgência e outro grau de envolvimento. Na vida, precisamos aprender a *sair do furacão*, mesmo que apenas mentalmente. Com o desprendimento do centro, você deixa de ser parte do problema e se torna parte da solução. Se você não consegue mudar as variáveis, mude ao menos o ponto de vista. Quem olhar o céu do fundo de um buraco haverá de achá-lo pequeno.

3. Conheça os caminhos já trilhados

Não é fácil fugir do lugar-comum se não o conhecemos. Tentar ser criativo sem saber o que já foi dito, pensado e sentido sobre o problema é perder tempo. Conhecer as trilhas já abertas ajuda a evitá-las, criar atalhos, fundir conceitos e condensar. Estude o assunto sob vários aspectos, pesquise e não menospreze tudo que já foi feito antes. Conhecimento e visão são modalidades fundamentais para as pessoas altamente criativas – na verdade, são o que diferencia os verdadeiros criadores daqueles que passam a vida reinventando a roda.

4. Dê liberdade ao cérebro

O raciocínio criativo precisa que o cérebro esteja apto a alçar voos livres e complexos. O cérebro humano é fruto de genética, vivência e contexto. A genética é imutável, cada um nasce com um potencial criativo. Mas a vivência e o contexto estão nas nossas mãos! Alimente-se de experiências novas, diferentes e inusitadas. Conheça pessoas, culturas e artes em todas as suas formas. Seja uma esponja de soluções criativas. Liberte seu cérebro na hora de resolver o problema. Pense na solução, mas também a deixe brotar em contextos anedóticos. O cérebro inconsciente não para de buscar soluções em momento algum. Saia do escritório, afrouxe a gravata, medite, corra na praia, aguarde a resposta contemplando uma lagoa em um dia ensolarado. A resposta não tradicional surge, muitas vezes, em momentos e ambientes não tradicionais. O repouso e o sono também são fontes criativas. Quem nunca dormiu pensando em um problema e acordou com a solução na cabeça? Durante o sono R.E.M. (fase dos sonhos), a redução da influência crítica e ajuizada dos lobos frontais permite devaneios mentais criativos e eventualmente úteis. Como o sonho é uma colcha de retalhos de memórias recentes, podemos experimentar conexões pertinentes entre essa divagação criativa e nossos insolúveis problemas cotidianos.

Dizem que Friedrich August Kekulé (1829-1896), químico alemão, sonhou com uma cobra tentando engolir o próprio rabo e, no dia seguinte, descreveu a estrutura do anel benzênico: "Eu estava sentado à mesa a escrever o meu compêndio, mas o trabalho não rendia; os meus pensamentos estavam noutro sítio. Virei a cadeira para a lareira e peguei no sono. Outra vez, os átomos começaram a dar cambalhotas na frente dos meus olhos. Desta vez, os grupos menores mantinham-se modestamente à distância. A minha visão mental, aguçada por repetidas visões desta espécie, podia distinguir agora estruturas maiores com variadas formações: longas filas, por vezes alinhadas e muito juntas, todas torcendo-se e voltando-se em movimentos serpenteantes. Mas olha! O que é aquilo? Uma das serpentes tinha filado a própria cauda e a forma que fazia rodopiava trocisticamente diante dos meus olhos. Como se tivesse produzido um relâmpago, acordei... e passei o resto da noite a verificar as consequências da hipótese. Aprendamos a sonhar, senhores, pois então talvez nos apercebamos da verdade".

5. Entenda e use sua intuição

Sexto sentido e intuição... O que há de ciência nisso? Tudo. O que chamamos de intuição é um tipo peculiar de raciocínio dissociado de linguagem. É quando surge um conceito meio pronto sem o rastro da lógica. Não dá para argumentar, explicar, traçar a linha que justifica a conclusão. Ela aflora geralmente de divagações do hemisfério direito (uma vez que a linguagem fica geralmente no hemisfério esquerdo). Não a menospreze, nem dê a ela ares de magia e misticismo sem credibilidade. A intuição é uma função cerebral guiada por experiências nem sempre conscientes, por memórias impressas nas profundezas do nosso cérebro. Pessoas criativas exercitam, valorizam e expressam suas intuições. Dê vazão, com bom senso, às suas sensações pouco ancoradas na lógica e na razão.

OS TIPOS DE MEMÓRIA

Entraremos, neste capítulo, no estudo dos tipos de memória. Trata-se de uma parte um pouco mais técnica, mas absolutamente fundamental para quem busca entender e intervir na *performance* mental.

Quando pensamos em memória, nos parece que só há apenas um tipo dela. Eu vivencio, fixo e, passado algum tempo, recordo conscientemente. Esse é o tipo mais comum e estudado, chamado de memória declarativa (explícita), episódica, de curto ou longo prazo. No entanto, existem diversas variantes, com anatomia, dinâmica e funcionalidades diversas, configurando subtipos definidos, cada qual com sua vulnerabilidade e importância funcional.

São várias as formas de classificar as memórias, gerando grupos que podem se associar para explicar determinado evento. Passaremos pelas três principais classificações, dispostas segundo as seguintes variáveis: tempo de duração, conteúdo e formas de evocação. Esses conceitos podem parecer um pouco confusos neste momento, mas tenho certeza de que, no desenrolar do texto, você irá captar a nuance que identifica cada grupo e classificação. Será um passeio curioso e revelador, mas você precisa estar atento e inspirado para apreciá-lo em toda a sua magnitude.

A memória em relação ao tempo

A primeira variável que delimitará tipos diferentes de memória é sua relação com o tempo. Nada mais justo, certo? Já que ele (o tempo) é a própria razão de ser dela (a memória). É o vilão que tenta matá-la, mas que justifica sua existência, seu *alter ego* (outro eu).

Alguns acreditam erroneamente que resistir ao tempo é o que define uma boa memória. Na verdade, as memórias efêmeras, que sucumbem em segundos, minutos, horas ou dias, são tão ou mais funcionais que as de longuíssimo prazo. Cada subtipo possui sua importância. Muitas informações são descartáveis, necessárias apenas naquele momento; sua manutenção por um prazo demasiadamente longo traria desorganização, perda energética e sobrecargas. A falha aqui seria mandar a informação para o sistema errado, levando preciosidades ao esquecimento e retendo informações dispensáveis.

O sistema de divisão segundo o tempo pode variar de autor para autor. Sigo um modelo didático que considero mais lógico, fácil e ancorado em pesquisas básicas em memorização (dessas, destaco e recomendo os trabalhos de um influente neurocientista argentino com atividades acadêmicas no Brasil, o professor Ivan Izquierdo). Vamos discutir as memórias individualmente.

Memória de curtíssimo prazo

É também conhecida como memória ultrarrápida ou memória de trabalho (*working memory*). Depende muito dos lobos frontais e, na verdade, está mais relacionada ao mecanismo de atenção sustentada e à função executiva que à memória propriamente dita. A memória ultrarrápida mantém a informação por segundos ou minutos, lida com poucos estímulos e é extremamente fugaz, e não gera consolidação. É uma espécie de *spam* atencional (ou limite atencional), pois consegue ser mantida na mente por um tempo curtíssimo. É absolutamente sensível a distratores, à sobrecarga de atividades, ao estresse e à privação de sono.

Um exemplo clássico é quando alguém nos passa um telefone ou outra sequência numérica. Mantemos o número na cabeça, repetindo-o concentradamente até encontrar um papel e anotá-lo. Isso vale para uma infinidade de outras informações que mantemos *sustentadas* para levar a cabo uma atividade, mas não as salvamos para futura recordação. Trata-se de uma memória operacional. É como usar um editor de texto no computador para escrever algo e não salvar o arquivo. Ao fechar o programa, o texto se perde.

Imagine, por exemplo, você tentando memorizar a placa de um carro visto rapidamente no trânsito. Você faz um esforço mental intenso para manter dentro do *spam* atencional as três letras e quatro números na ordem correta. Eis que o seu telefone toca, e pronto! A informação pode se perder definitivamente.

O nome *memória de trabalho* determina exatamente isso: uma parte da mente destinada ao gerenciamento *on-line* da informação vigente. A informação é sustentada a tempo de a tarefa ser levada a cabo, sem que nada precise ser fixado. Fazemos isso durante conversas, pensamentos, cálculos mentais, resoluções cotidianas etc. Um paralelo disso na computação é a famosa memória RAM (*Random Access Memory*), um sistema capaz de gerenciar e sustentar programas e funções correntes naquele exato momento. Tal qual a memória de trabalho, a RAM não gera consolidação, sendo perdida quando o sistema é desligado ou reiniciado.

Geralmente, conseguimos trabalhar com cerca de cinco a sete itens na memória de curtíssimo prazo, sendo letras, itens, palavras, cores, times etc. Nossa capacidade pode ser expandida com treinamento da atenção sustentada. Uma parte das coisas que trabalhamos na memória de curtíssimo prazo pode ser consolidada mesmo sem querer. Basta que seja algo muito relevante, emocionalmente intenso ou repetido várias vezes. Quem nunca decorou um telefone só porque teve que digitar inúmeras vezes a sequência? Esse exemplo é hoje obsoleto, uma vez que não digitamos mais números de telefones, e com isso não sabemos nem o nosso próprio número de cor.

É interessante notar que esse tipo de memória não é bem uma memória propriamente dita, pois não gera consolidação durante um tempo superior a poucos minutos e não resiste a um distrator. No entanto, delimita a primeira estação funcional mental comprometida com o gerenciamento da informação através do tempo, sendo ainda uma função *on-line*, diferente do suporte *off-line* de outros tipos mais tradicionais de memória.

A memória de curtíssimo prazo não depende dos lobos temporais. Mesmo pessoas com graves lesões temporais bilaterais mantêm a capacidade de gerenciar parte da informação vivida nesse frágil e fugaz sistema, mantendo parte de sua funcionalidade no dia a dia.

Memória de curto prazo

Chamamos de memória de curto prazo aquela que armazenamos por minutos ou horas (até cerca de seis horas). Aqui já temos processos celulares de consolidação, ainda leves e limitados. A informação gera traços de consolidação capazes de resistir a alguns distratores. Trata-se de um sistema fundamental para nossas atividades cotidianas, para termos ciência e clareza dos determinantes do tempo presente. Eu, por exemplo, estou escrevendo este texto no meu consultório, são 14h20, e tenho ciência clara de como cheguei aqui. Sei narrar detalhes do meu almoço, das minhas atividades matinais etc. Isso dá sentido ao meu presente; preciso ter mais informações do meu passado recente do que das minhas atividades dos dias anteriores. Ao mesmo tempo, essa memória precisa ser fugaz o suficiente para dar lugar a novas informações.

Eu imagino a memória de curto prazo como um rabo de um cometa, um rastro relativamente curto e fixo de tempo que persegue o presente, trazendo informações de vários tipos com certo processamento mental. Algo que está na sua memória de curto prazo apresenta um prazo de validade, uma sentença de morte, está viável por proximidade. A chance de escapar está na promoção para a memória de longo prazo.

Essa memória de curto prazo depende muito das estruturas profundas dos lobos temporais, os famosos hipocampos, tanto na obtenção como na evocação. Ela é útil durante o processo inicial da memória de longo prazo.

Durante muito tempo, houve alguma dúvida sobre se a memória de curto prazo e a memória de longo prazo seriam coisas diferentes, ou um espectro do mesmo sistema. Faz sentido pensar que algo vai para a memória de curto prazo e depois para a de longo prazo (em série), seguindo por um mesmo trilho. Por isso, alguns autores nem gostavam muito da distinção entre curto e longo prazo, já que pareciam farinha do mesmo saco, além de terem limites um pouco imprecisos. No entanto, pesquisas mais recentes (incluindo as que estudam os processos bioquímicos) apontam para processos diferentes, correndo em paralelo e não em série. A memória de curto prazo seria um sistema mais volátil, limitado tanto para o número de eventos como para a resistência ao tempo, a despeito de ambas dependerem dos hipocampos e serem indistinguíveis quando estão superpostas nas primeiras horas após o evento.

A memória de curto prazo traz funcionalidade à mente humana nas primeiras horas de estruturação da memória de longo prazo. É como alugar um carro enquanto o seu próprio carro fica pronto na oficina.

Seja como for, a possibilidade de evolução para a memória de longo prazo só é possível com uma vivência intensa ou com uma recuperação precoce. Por isso, é absolutamente crítico identificar situações importantes e torná-las relevantes ao cérebro – essa pode ser a única chance de recordar algo em um futuro superior a poucas horas e aprofundá-lo na memória de longo prazo (descrita abaixo).

Memória de longo prazo

Aqui, sim, temos um sistema poderoso de suporte da informação através do tempo. A memória de longo prazo pode manter uma informação por horas, dias, semanas, meses, anos ou por uma vida inteira. Sua capacidade de armazenamento é aparentemente ilimitada (pelo menos para os padrões da existência humana). Assim, fixamos memórias desse tipo durante toda a nossa vida. Se algo irá resistir por horas, meses ou décadas é uma questão de relevância aparente, interações e evocações seriadas. A luta será contra o processo ativo de esquecimento, um grande regulador e organizador da mente humana.

O termo "longo prazo" confunde muita gente, e precisamos ter cuidado com ele. Longo prazo, para a neurologia, é qualquer coisa que sobreviva de horas a dias – veja que o prazo não é tão longo assim! Por isso, muitos estudiosos e especialistas utilizam um termo adicional, *memória de longuíssimo prazo*, quando vão se referir a memórias muito antigas, muito bem consolidadas e biográficas. Apesar de ser um tipo de memória de longo prazo, considero o termo "longuíssimo" útil para diferenciar algo que registrei por apenas três dias de algo que carrego durante toda a minha vida, uma vez que esse espectro é gigantesco.

Insisto nisso porque muita gente confunde os termos curto e longo prazos com memórias recentes e memórias antigas. Ou dizem: "Ele se esquece do presente e se lembra do passado, logo tem problema na memória de curto prazo". Atenção! A memória de curto prazo é o rabo do cometa: ela segue o presente (durante minutos ou poucas horas). Algo que ocorreu há muitas horas ou dias já é longo prazo. Quando o paciente se lembra bem do passado (longuíssimo prazo) e não se lembra mais de coisas do dia a dia, é mais provável que esteja com dificuldade em fixar novas memórias (amnésia anterógrada), tanto para longo como para curto prazos, devido a problemas nos hipocampos. Nesse caso, as memórias mais antigas já estão fixadas.

Aqui vale mais uma ressalva. Alguns autores utilizam o termo "curto prazo" para se referir à memória de trabalho (*spam* atencional), outros para se referir a memórias recentes (decaimento, com duração de horas a dias). Por isso, recomendo você se atrelar ao conceito, e não à nomenclatura, pois ela varia muito de um texto para outro, de um profissional para outro, gerando alguma confusão e falta de uniformidade. Conhecendo o conceito, você conseguirá adequar o saber e deduzir de qual tipo de retenção o autor em questão está falando, sem se apegar unicamente ao termo escolhido por ele para se expressar. Durante a obra, procurei evitar o termo "curto prazo", preferindo utilizar memória recente, fase de decaimento ou processo de consolidação (termos mais abrangentes, relacionados ao período de vulnerabilidade inicial da memória de longo prazo), dada toda essa problemática linguística do termo.

As memórias de longo prazo também passam por um período de amadurecimento, quando podem ser esquecidas ou consolidadas. O processo de consolidação leva a uma fixação fora dos hipocampos, difusamente no córtex cerebral. Aí ocorre um fenômeno importante, e a evocação passa a não depender mais dos hipocampos.

Memória de longuíssimo prazo (remota)

Como disse anteriormente, esse termo é útil, mas não consensual (a memória de longuíssimo prazo é parte da de longo prazo). Essas são memórias mais longínquas no tempo (anos ou décadas): aspectos da nossa biografia, onde nascemos, nossa formatura, o casamento, o nascimento dos filhos, histórias curiosas, dias atípicos, eventos marcantes e coisas desse nível. Todas essas informações ficam enraizadas no córtex cerebral, bastante protegido de lesões pequenas e focais. Podemos carregá-las por décadas e décadas, principalmente se houver componentes emocionais e se nos lembrarmos delas de tempos em tempos. Eis aqui um exemplo de vitória do cérebro frente ao tempo e ao esquecimento. Devemos ajudar nosso cérebro a identificar memórias com esse potencial de longuíssimo prazo (relevância consciente).

Vamos seguir adiante. As memórias de longo prazo podem ser subdivididas de acordo com seu conteúdo.

A memória em relação ao conteúdo

Quando falamos em memórias de longo prazo (que dura mais de seis horas), podemos delimitar dois tipos básicos segundo seu conteúdo: a memória episódica (eventos de vida) e a memória semântica (conceitual).

Memória episódica

Como o nome já diz, é uma memória de episódios, eventos vividos, pensados ou mesmo imaginados. Grande parte das nossas memórias conscientes são episódicas. Por exemplo, mês passado fui a uma festa, dancei, revi amigos, conheci gente nova etc. Eu carrego na mente esse episódio com a noção clara de que vivi, em um determinado ponto do tempo (no passado), esse determinado acontecimento. Trata-se de uma memória de conteúdo biográfico, bem consciente. Lembro-me do meu primeiro dia de aula de forma episódica, do meu primeiro paciente no consultório, do dia em que passei na faculdade, da cara da minha mãe quando quebrei a perna, da sensação de alegria no nascimento da minha filha e assim por diante. São memórias de estilo álbum de fotos, cujas lembranças têm aspectos sensoriais e emocionais. É o que todos chamam de memória comum, normal.

Memória semântica

Trata-se de uma memória conceitual, de aprendizados não vivenciados como episódios claros, mas sabidos conscientemente.

É uma memória de significados, e não de experiências pessoais. Existe um conhecimento de mundo que absorvemos sem necessariamente precisar quando nem como – que é um patrimônio semântico. Sei o que é uma maçã, sei que Pedro Álvares Cabral "descobriu" o Brasil, sei que o céu é azul, que o semáforo tem três cores, que o elefante tem tromba etc. Trata-se de aprendizados não biográficos e de uma memória bastante sólida e duradoura. Certamente, fui apresentado a ela de forma episódica, mas ela migrou para um formato semântico principalmente na minha infância, a fase de franco aprendizado e conhecimento de mundo. São memórias *frias*, sem muito componente emocional; são técnicas, mas robustas. É interessante notar que o sistema de armazenamento é diferente da memória episódica e que existem doenças capazes de alterar uma delas de forma predominante.

A memória em relação à capacidade de gerar lembrança e poder de automação

Eis aqui uma classificação curiosa e interessante. Uma memória é algo que a gente vivencia ou aprende e que fica na nossa mente, certo? No entanto, nem toda memória gera uma lembrança consciente. Alguns aprendizados se consolidam no cérebro humano e não são evocados como memórias tradicionais, não são lembrados na concepção de evocação tradicional. Isso delimita basicamente dois tipos de memória: uma declarativa (eu memorizo a experiência e a trago à tona na evocação consciente), e outra não declarativa (eu apresento um aprendizado, uma facilitação, sem uma lembrança).

Quer dizer que eu posso ter uma memória sem ter uma lembrança?
Exatamente. Memória é uma questão de consolidação; lembrança é uma estrutura consciente e estruturada. Por exemplo, geralmente as primeiras lembranças da nossa vida são dos nossos 4 ou 5 anos de idade. Dificilmente alguém se lembrará claramente de eventos anteriores a isso, com algumas exceções pontuais. Só que, com essa idade, você já sabia um monte de coisas: quem eram seus pais, qual era seu nome, o nome de seus professores, regras de alguns jogos; você tinha feito viagens, ido a festas de aniversário, inclusive às suas próprias festinhas, entre outros eventos. Onde estão essas lembranças? Por que não temos registros de memória episódica dessa primeira infância? É aí que entra parte da nossa distinção. A estruturação das lembranças episódicas (biográficas), declarativas, amadurece posteriormente a nossa capacidade de fixação, de aprendizado, de memorização do tipo implícito, não declarativo. Com isso, aprendemos e crescemos com memórias sem lembranças. E o curioso é que esse tipo de memória continua acontecendo durante a vida.

O gerenciamento de memórias não declarativas não depende muito da ação dos hipocampos. É um tipo de memória à parte, que envolve a ação de outras circuitarias cerebrais, resistindo mesmo a lesões temporais bilaterais graves. Um paciente pode ser completamente amnéstico e ainda assim manter indícios inequívocos de memória não declarativa.

Memória declarativa (explícita)

Trata-se de uma memória com lembrança, explícita, que pode ser declarada: "Eu me recordo de saber isso". Essa memória depende de estruturas do lobo temporal, bilateralmente. Pode ser episódica (relacionada a eventos) ou semântica (relacionada a significados), conforme aprendemos acima.

Memória não declarativa (implícita)

É um tipo muito peculiar de memória que não deixa rastro de lembrança e não depende das estruturas dos lobos temporais. Podemos dividi-la em dois grupos distintos: memória de procedimento e aprendizado moral e comportamental.

Memória de procedimento

Diz respeito ao aprendizado de atos motores com maior ou menor complexidade, como aprender a dirigir um carro, tocar um instrumento, andar de bicicleta, amarrar o cadarço etc. O ato é repetido inúmeras vezes, até que o processo é automatizado pelo nosso cérebro e não precisamos mais pensar nele ou lembrá-lo conscientemente. Esse aprendizado depende de várias estruturas, como os gânglios da base (núcleos cerebrais profundos) e o cerebelo (órgão da coordenação e do aprendizado motor), geralmente pouco atuantes na memória explícita. Trata-se de memórias muito fortes e resistentes. Quem nunca ouviu que quem aprende a andar de bicicleta nunca mais esquece?

Não lembramos especificamente o momento em que automatizamos a função, mas ocorre um processo contínuo de fortalecimento das redes, que são ativadas no "pacote" motor e sensitivo para realizar a tarefa em questão. Se lembrarmos o caso clínico do paciente H.M. (aquele que retirou cirurgicamente os dois lobos temporais), teremos uma ideia desse tipo de memória. A despeito de não se recordar conscientemente de nada, seu aprendizado não era nulo. Na verdade, percebeu-se, após diversos e incessantes testes, que ele montava um mesmo quebra-cabeça de forma cada vez mais rápida. Isso é surpreendente, já que ele não se lembrava sequer de ter visto o exercício antes.

Esse processo de automação motora ocorre com muita frequência no nosso cérebro, sem que percebamos. Digitamos cada vez mais rápido, nos habituamos a exercícios físicos específicos, ficamos mais fluentes em uma segunda língua e assim por diante. Trata-se de uma memória de hábito, conquistada por repetição, através de um processo adaptativo e evolutivo lento, seguro e eficaz. Isso mostra que a prática é a base da evolução individual, e que podemos melhorar com empenho e persistência, mesmo sem uma percepção e intervenção consciente.

Memória implícita comportamental

Muitos autores consideram a existência de uma memória implícita moral, ética e comportamental. Isso significa que algumas vivências seriam capazes de modular nosso comportamento sem que nos lembremos especificamente delas, sem que possamos declarar explicitamente a origem desse comportamento. Esse tipo de memória é conhecido como *imprint* e parece ser crucial para entendermos alguns aspectos ditos intuitivos. Por que escolhemos uma roupa e não outra, por que simpatizamos com alguém ou não (é comum dizermos que "o santo não bateu"), por que reagimos de um modo específico e peculiar diante de uma situação? Alguns desses comportamentos podem ser explicados pelo *imprint* ou memória implícita.

CASO CLÍNICO: MEMÓRIA IMPLÍCITA COMPORTAMENTAL

Todos os dias, uma senhora com uma grave lesão nos lobos temporais, completamente amnésica, incapaz de se recordar do que ocorreu há um minuto, cumprimentava o porteiro do hospital onde era acompanhada e frequentemente testada. Era um comportamento automático, uma vez que ela não se lembrava de conhecer o porteiro, pois tinha sido apresentada a ele após ter desenvolvido o problema de fixação de novas memórias. No entanto, por educação e por ser um traço de sua personalidade, ela sempre dava um tradicional bom-dia e estendia a mão ao funcionário. Certa vez, ele foi instruído a colocar uma tachinha entre os dedos, para espetar levemente a mão da senhora. Durante o cumprimento, ela sentiu um desconforto e ficou bastante irritada. Até aí, tudo bem, dentro do esperado. A dúvida era como seria seu padrão de comportamento no dia seguinte, já que, por causa da amnésia, ela não teria lembranças conscientes sobre aquele evento. No dia seguinte, lá estavam a senhora e o porteiro. Como esperado, ela não se lembrava de absolutamente nada que ocorrera no dia anterior; ela deu seu tradicional bom-dia, mas deixou de estender a mão. Essa mudança sutil em seu comportamento mostra um aprendizado implícito, uma silenciosa e pequena memória, que modificou apenas um comportamento acessório.

Se perguntássemos a essa senhora o porquê de ela não ter estendido a mão ao porteiro, ela provavelmente responderia: "Por que eu deveria fazer isso?" Ou seja, esse gesto era um comportamento adicional, e não obrigatório. Quantos dos nossos comportamentos funcionam assim? Fazemos inúmeras coisas por razões pouco conscientes. Escolhemos uma forma ou outra sem termos a clareza da recordação episódica que motivou essa escolha perante outra igualmente funcional e aceitável. É muito provável que parte da nossa postura comportamental seja desenvolvida desde a primeira infância, fruto de memórias implícitas, sendo o componente recordável (a memória explícita) apenas a ponta de um grande *iceberg*.

Recordando os pontos-chaves dos tipos de memória

Como vimos acima, existem várias maneiras de classificar a memória, tendo cada uma sua função e sua anatomia própria.

Dada a complexidade de alguns temas abordados, segue um resumo dos pontos-chaves deste capítulo.

1. Existe uma memória de trabalho, operacional, ultrarrápida (com duração de segundos a poucos minutos), dependente de processos de atenção mediados pelos nossos lobos frontais. Trata-se do *spam* da atenção concentrada e serve para sustentar atividades *on-line*.
2. A memória propriamente dita, *off-line*, apresenta dois sistemas complementares e paralelos: de curto prazo (com duração de até seis horas), dando sentido ao presente, e de longo prazo (com consolidação mais efetiva e lenta, podendo durar de horas a décadas). Cabe apontar que a memória de longo prazo não parece ser uma simples continuação da de curto prazo, mas sim um processo paralelo concomitante (nas primeiras seis horas).

3. Memórias podem versar sobre conteúdos semânticos (conceituais) ou episódicos (eventos biográficos). Também podem ser declarativas (mais conscientes e recordáveis) ou não declarativas, implícitas, como a memória motora e o *imprint*.
4. Os hipocampos são essenciais para a consolidação da memória de curto e de longo prazos – na forma declarativa, seja semântica, seja episódica. São também necessários para a evocação de ambas durante o processo de consolidação. Após a consolidação da memória de longo prazo, o hipocampo se torna dispensável para a evocação. As memórias não declarativas dependem de outras estruturas para sua consolidação, como gânglios da base (ilhas de processamento subcorticais), cerebelo, córtex sensitivo-motor, entre outros.

ENVELHECIMENTO NORMAL E PATOLÓGICO

Na grande maioria das vezes, a oscilação do desempenho de memória, seja na fixação, seja na evocação, não configura uma doença cerebral. O que temos, geralmente, são fases da vida, transitórias e reversíveis, em que o ambiente e os comportamentos (hábitos) limitam nosso desempenho mental e culminam em esquecimentos frequentes, com impactos na nossa qualidade de vida.

Mas existem os casos de patologia específica da memória, as chamadas demências, como a conhecida doença de Alzheimer, entre outras. Normalmente, essas patologias acontecem depois dos 60 anos, mas ocorrem casos raros antes dessa idade (até 5%). Diferentemente das causas benignas de esquecimento, aqui temos um quadro intenso, crônico e progressivo de dificuldade intelectual.

Na dúvida, um especialista deve ser sempre procurado, pois, quanto antes o diagnóstico for feito, melhor será a evolução. Muitas vezes, as pessoas atribuem dificuldades intensas de memorização à idade. Frases como "Está bom para a idade, afinal ele já tem 70 anos" acabam atrasando o diagnóstico e o tratamento precoce.

A memória no envelhecimento normal

Muita gente me pergunta o que é considerado normal com relação à memória na chamada terceira idade (acima de 65 anos). Acredita-se que até 80% das pessoas dessa faixa etária apresentem queixas, mesmo que leves, acerca do seu desempenho cognitivo. Isso aponta para um aspecto relacionado ao próprio envelhecimento dito *normal*, em que não existem doenças cerebrais associadas.

Estima-se que cerca de 10% das pessoas acima de 65 anos manifestem algum tipo de demência, ou seja, um comprometimento de mais de duas funções cognitivas, geralmente incluindo a memória. Esse diagnóstico é feito quando o transtorno é suficientemente intenso para atrapalhar a qualidade de vida da pessoa. Bom, se 10% apresentam demência e 80% apresentam queixas, isso significa que temos uma quantidade grande de idosos sentindo oscilação e redução leves na capacidade intelectual, possivelmente relacionadas à própria idade.

As queixas cognitivas mais frequentes relacionadas ao *envelhecimento normal* são: maior lentidão, dificuldade em fazer duas ou mais coisas ao mesmo tempo, desatenção, falhas na evocação de nomes, troca de palavras, dificuldade em concluir um raciocínio, esquecimento de informações recentes, entre outras. São geralmente eventos pequenos e situacionais, quase sempre de baixa relevância e manifestos em momentos de sobrecarga ou pressão. Nesses casos mais benignos, não há um comprometimento evidente na independência, na autonomia e na segurança desses indivíduos. O quadro geralmente é contornável com um pouco de cautela e com a utilização de ferramentas, como um bloco de anotações, por exemplo.

Todos os órgãos do corpo apresentam redução de sua reserva funcional com o passar dos anos, e com o cérebro não é diferente. O acúmulo de pequenas lesões vasculares, traumáticas, ou glioses (cicatrizes) levam a alguma redução na efetividade e/ou velocidade de processamento. Aliada a isso, existe uma tendência de redução do tamanho cerebral (por atrofia) nessa faixa etária. Isso acontecerá com todos nós, mais cedo ou mais tarde, em algum grau.

Como eu disse, isso ocorre também em outros órgãos, tais como os pulmões, coração, rins, ossos, e até com a pele (é impossível imaginar a pele de um senhor de 80 anos igual à de um jovem de 20). Não se trata de uma doença, mas de alterações compatíveis com a idade e com toda a carga de uma vida. Esse desgaste cerebral pode ser acelerado em pessoas com hábitos inadequados, vícios, tendência genética desfavorável e doenças clínicas descompensadas. Falta de atividade física, tabagismo, dieta inadequada, excesso de álcool e obesidade frequentemente aceleram o envelhecimento do sistema nervoso. Doenças como diabetes, hipertensão, apneia do sono, distúrbios de colesterol e problemas cardíacos descompensados também podem levar a mais cicatrizes cerebrais.

FATORES NÃO MODIFICÁVEIS
Genética
Idade

FATORES MODIFICÁVEIS	
Hábitos	Compensação de doenças
Atividade física regular	Diabetes
Boa alimentação	Dislipidemia
Atividade mental (cognitiva/emocional)	Hipertensão arterial
Controle de vícios e excessos	Depressão
Boas noites de sono	Problemas cardíacos
Controle do peso	Apneia do sono

Envelhecer de forma saudável exige ajustes e adequações, de modo a não amplificar a perda natural do rendimento e a tentar combater, em algum grau, alterações inexoráveis relacionadas à passagem do tempo. Se, no jovem, a causa dos esquecimentos é culpa eventual do excesso de informações e atividades, no idoso normal ela é frequentemente amplificada pelo desuso e pela falta de empenho cognitivo. Muitas vezes, a aposentadoria, a restrição social e alguma limitação física levam a um "aprisionamento" na rotina, que é previsível e muito pouco desafiadora. O tédio, por vezes imposto e aceito na terceira idade, pode levar à inabilidade mental. Pior que qualquer sobrecarga é a inércia de um cérebro pouco estimulado. Por falta de segurança, de motivação ou de oportunidade, muitos idosos, ao abrir mão de tirar o próprio cérebro da zona de conforto, abdicam do aprendizado, se esquivam do novo e começam a esquecer. O alimento cerebral é o desafio, a sensação de utilidade, a necessidade de expansão, a constante tomada de decisão.

Com o envelhecimento progressivo da população, essa discussão tem se tornado cada vez mais emergente. Precisamos buscar formas criativas e alternativas de engajar pessoas acima de 65 anos, aposentadas ou não, em atividades intelectuais, com responsabilidades, compromissos e desafios, tanto de ensino como de aprendizado constantes. Precisamos envelhecer pensando, tomando partido, interagindo e evoluindo. Não podemos envelhecer morrendo, mas vivendo. Certa vez, li em um pequeno *outdoor*: "O corpo envelhece sem sua permissão; a mente, apenas se você permitir". Nossa cultura de pensar que a velhice é a hora de descansar, de aproveitar a melhor idade, de sossegar em casa, deixando o resto para os mais novos, é falida e incompatível com o progressivo aumento na expectativa de vida. A redução da demanda intelectual é um prato cheio para a depressão e para o declínio cognitivo.

Conheço idosos de todos os tipos, até porque 60% do meu consultório de neurologia é formado por pessoas acima de 65 anos. Alguns apresentam-se com altíssima capacidade intelectual, dando um nó na cabeça de muitos jovens por aí – são na maioria os que se mantiveram intelectualmente ativos durante a vida, com engajamento social e alta escolaridade. Hoje sabe-se que uma vida mentalmente fértil pode nos proteger, em algum grau, contra quadros leves e até graves de demência. Um dia, ouvi de uma simpática paciente: "Eu não me enxergo com a minha idade. Sinto que meu cérebro está jovem, cheio de vida. Tomo até um susto quando me olho no espelho e vejo que já tenho 80 anos, se não fosse essa porcaria de joelho".

Vale ressaltar que a idade não apenas prejudica, mas também oferece muito à cognição. A experiência de vida e o conjunto amplo de memórias sedimentadas tornam pessoas mais idosas mais sábias, pois elas já viram muita coisa e frequentemente acertam suas previsões. Seus cabelos brancos lhes trazem autoridade, segurança e serenidade, itens que agregam e dão credibilidade a muitas de suas opiniões.

Infelizmente, nossa sociedade vive uma terrível crise de autoridade, e nos falta humildade, respeito e senso de hierarquia. A arrogância dos jovens deixa escapar por entre os dedos preciosas oportunidades de aprender com conselhos, com a experiência de décadas, com as indicações e recomendações ou com as boas histórias dos mais velhos. Conhecemos mais os idosos pelo seu grau de limitação do que pelo que os torna superiores ao resto da população. É um triste e míope prisma dos tempos atuais. Os idosos merecem muito mais que um lugar melhor no ônibus, mas um lugar melhor na sociedade, na família e no mundo.

Agora, depois dessas reflexões, vamos voltar a falar do declínio natural da idade. Considero algumas atitudes (escolhas mentais) benéficas para a grande maioria dos idosos com queixas cognitivas de qualquer grau.

1. **Mantenha o hábito da leitura.** A leitura é um potente estímulo cerebral. Quando você lê, precisa decodificar a linguagem e extrair seu conteúdo. Não existe leitura sem imaginação, mesmo se o tema for técnico. A leitura exige comprometimento, manutenção de foco, recordações em níveis diferentes de complexidade, ritmo. Ler leva sua mente a vasculhar memórias e a expressar emoções diante de determinados conteúdos. Mais do que gerar

novas informações, a leitura é capaz de gerar ponderações e reflexões acerca de coisas que estão e sempre estiveram dentro de você.

2. **Corrija problemas sensoriais.** Na terceira idade, são muito comuns problemas sensoriais, como redução da audição e da visão, desequilíbrios, entre tantos outros. Sempre que possível, busque medidas para minimizá--los. Muitos quadros de desconexão com o ambiente, desatenção e esquecimentos podem ser atenuados com simples otimização sensorial. Trocar os óculos, operar uma catarata, consultar um otorrino para discutir a adoção de um aparelho auditivo, utilizar uma bengala, melhorar a iluminação de casa, ampliar as letras das palavras cruzadas, enfim, tudo o que melhorar a percepção e a estabilidade sensorial trará ganhos cognitivos importantes.

3. **Procure não recusar convites.** Aqui chego a um ponto de muita discussão no meu consultório. Vejo muitas pessoas acima de 65 anos se enclausurando, evitando encontros sociais, viagens, festas e passeios pelos mais variados motivos ou desculpas. Esse processo de restrição é prejudicial ao cérebro. Nossa mente precisa de trocas de ambientes, alternância de contextos sociais, mudanças e ajustes comportamentais. Muitas vezes, as pessoas se agarram à rotina com unhas e dentes e não se permitem mais serem surpreendidas. É preciso um esforço inicial intenso para vencer a força que nos atrai para a rotina. Não temos vontade de sair de casa, tudo nos parece complicado, focamos nas previsões

mais negativas e optamos pela esquiva. Ouço muito coisas como: "Quero ficar no meu canto", "Não quero dar trabalho", "Não dou mais conta disso não", "Isso é um programa furado", "Já passei da idade", e por aí vai. A menor possibilidade de ter de enfrentar uma dificuldade vira um argumento definidor da conduta pró-inércia. Mal sabem que evitar dificuldades é a melhor forma de apresentar dificuldades progressivas. Quando o paradigma da recusa é modificado, as pessoas percebem que estão assistindo à vida passar, que estão perdendo o melhor da festa e enxergam por um momento que as coisas não são tão difíceis assim e que o sorriso oferecido para a vida é retribuído na mesma proporção.

Em todas as idades, precisamos jogar o jogo, dar uma chance para que algo diferente aconteça, pisar fora da rotina com a maior frequência possível. Se tudo der errado, teremos ao menos algumas boas histórias para lembrar nos próximos cafés da tarde. As pessoas mais alegres e divertidas que conheço são as que evitam a todo custo recusar um convite, por mais idiota que possa ser o programa. O tal do envelhecimento nos torna por vezes críticos demais, seletivos demais, preocupados demais e, não raro, felizes de menos.

4. **Ocupe seu tempo com atividades intelectuais.** O cérebro se ativa com o envolvimento desafiador. Uma forma lúdica de fazer isso é praticando jogos e passatempos intelectuais, como cartas, dominó, quebra-cabeças, livros de pintura, criptogramas, palavras cruzadas, jogos

dos sete erros, entre outros. Procure variar as atividades e se exercitar mentalmente duas vezes ao dia por, pelo menos, vinte minutos. Assista a novelas e faça um resumo do capítulo para alguém. Ao se deitar, pense e reconstrua situações do dia com o máximo de detalhes possível. Escreva uma lista de compras e somente a utilize depois de tentar comprar tudo sem consultá-la, aprenda a mexer no computador e em celulares mais modernos, visite lugares a que nunca foi etc.

5. **Conecte-se com o presente.** O envelhecimento por vezes nos gruda no passado. Muita gente fica excessivamente saudosista, avessa a toda e qualquer modernidade, versando sobre temas já resolvidos (às vezes mal resolvidos) e reverberando sobre ocorrências antigas e superadas. O passado tem, sim, seu lugar ao sol, mas o presente precisa ser experimentado com intensidade. Muitas vezes, converso com pessoas idosas no consultório que estão cognitivamente normais, mas não sabem que dia é hoje. Elas respondem: "Não faço ideia, meus dias são iguais, só percebo que é domingo porque não tem novela". Isso está a um pulo da desorientação temporal. É fundamental cultivar as referências de presente. Leia o jornal do dia, acompanhe as notícias na televisão, tenha calendários espalhados pela casa, assine revistas, busque informação direcionada em *sites* e blogues na internet, crie mecanismos de ancoramento no tempo e esteja atualizado. O passado já está conquistado; parta para conquistar o presente, já que o contemporâneo rejuvenesce.

6. **Ajude seu cérebro.** Não espere apenas que ele o ajude, estenda sua mão a ele primeiro. Trabalhe com uma agenda, seja organizado, anote recados e lembretes (para você e para os outros), programe alarmes, mantenha regularidade com o local em que guarda coisas importantes, se desprenda daquilo que não tem mais utilidade, seja simples e objetivo, se apegue à solução e não ao problema. Utilize um papel ou uma pequena lousa para anotar coisas, dê um tempo ao seu cérebro, tenha calma e não encavale afazeres simultâneos. Aos poucos, você perceberá uma queda significativa na taxa de erros.
7. **Combata a todo custo a solidão.** O envelhecimento por vezes vem associado a uma progressiva e crônica solidão. Os amigos se afastaram ou faleceram, alguns casais se desconfiguraram (por morte, doença ou separação), os filhos já têm seus filhos, enfim. Envelhecer pode gerar um contexto silencioso e solitário. O cérebro humano até gosta de um pouco de solidão, mas não exagere. Ele também gosta de bater papo, realizar trocas afetivas, surpreender outro cérebro com uma graça ou um apontamento criativo, ficar quieto junto, cuidar e ser cuidado. Nós nos desenvolvemos em grupos, vivendo em comunidade e partilhando interesses comuns. A solidão pode ser uma porta de entrada para a depressão e para o aprofundamento de sintomas cognitivos. Combata-a agressivamente. Procure manter uma rede de amigos (de todas as idades e com uma boa taxa de renovação), converse com vizinhos, mantenha a família

unida, supere desentendimentos antigos, agregue, curta o crescimento dos netos, telefone para pessoas queridas distantes, se relacione. Crie pontes, e não muros.

DICAS COGNITIVAS PARA O ENVELHECIMENTO NORMAL
1. Mantenha o hábito da leitura
2. Corrija problemas sensoriais
3. Procure não recusar convites
4. Ocupe seu tempo com atividades intelectuais
5. Conecte-se com o presente
6. Ajude seu cérebro
7. Combata a todo custo a solidão

Quando há motivos para preocupação

Como vimos, o envelhecimento normal é marcado por adaptações cognitivas que podem trazer percepções subjetivas e objetivas de leve redução de *performance*, quase sempre sem intensidade suficiente para levar a um comprometimento inequívoco da qualidade de vida.

Agora, qual será o limiar para a preocupação? A partir de que momento ou contexto clínico devemos imaginar que nossos parentes ou nós mesmos precisamos de ajuda? Quais serão os sinais de alarme que denotam o início de um quadro demencial?

Atualmente, há uma visão espectral da perda cognitiva. O envelhecimento normal necessita de ajustes, mas não é uma doença.

Se o quadro for intenso, o médico pode diagnosticar Distúrbio Cognitivo Leve (DCL). Esse quadro é marcado por uma intensidade um pouco maior de comprometimento que o envelhecimento normal, mas não caracteriza uma demência (que exige uma intensidade ainda maior e o acometimento de duas áreas da cognição, sendo uma geralmente a memória).

Portanto, teríamos este espectro de possibilidades:

Envelhecimento Normal → Distúrbio Cognitivo Leve (DCL)
→ Quadro Demencial (leve/moderado/grave)

Infelizmente, o atraso no diagnóstico do DCL e do quadro demencial vem da dificuldade em saber o que é considerado normal ou não. Na dúvida, é sempre melhor consultar um especialista (um geriatra, neurologista ou psiquiatra) para averiguar e analisar em que situação o paciente realmente se encontra. Frequentemente somos ruins para avaliar nós mesmos e pessoas com quem temos laços afetivos, superestimando ou subestimando sinais de comprometimento intelectual.

Vamos ver os sinais de alarme e situações mais preocupantes.

1. **Piora progressiva.** A progressão dos sintomas sinaliza um risco maior de haver um comprometimento patológico mais grave. Doenças da memória são geralmente crônicas e progressivas. Quanto mais rápida a piora, mais preocupante é o quadro.
2. **Esquecimento de coisas importantes.** A relevância das vivências esquecidas é um parâmetro claro de

gravidade da situação. Quem esquece coisas mais triviais tem uma chance menor de ter algo grave do que quem esquece eventos críticos, importantes, claramente relevantes, tais como: pagar contas, deixar o gás ligado, dar recados decisivos, entre outros. Esquecimentos frequentes de eventos relevantes configuram situações mais alarmantes.
3. **Outros sintomas associados.** Qualquer outro sintoma cognitivo associado aos esquecimentos eleva o risco de ser uma doença mais séria. Por exemplo: desorientação no tempo e no espaço, dificuldade de cálculo, não reconhecimento de pessoas e locais conhecidos, dificuldade em atos em que antes tinha facilidade, problemas de comunicação, lentidão motora etc.
4. **Alterações de comportamento ou de personalidade.** Nos quadros demenciais (principalmente de intensidade moderada a grave), é comum a presença de sintomas psiquiátricos e mudanças de comportamento. É fundamental atentar para agressividade, apatia, alucinações, paranoia, ansiedade intensa, variações repentinas de humor etc.
5. **Idade avançada.** Existe uma clara associação de doenças degenerativas (como a doença de Alzheimer) com o avançar da idade. Sendo assim, é de se esperar que pessoas mais idosas, com queixas ou manifestações cognitivas, estejam mais propensas a diagnósticos mais graves do que pessoas mais jovens, mesmo que ambas estejam na terceira idade.
6. **Histórico familiar.** Existe uma predisposição genética para algumas patologias que levam ao declínio cognitivo.

O fato de outros membros da família (principalmente parentes em primeiro grau) terem apresentado alguma doença gera maior preocupação.

7. **Foco excessivo no passado.** Esse é um fenômeno praticamente universal em pessoas com dificuldade em fixar novas memórias. Como as memórias antigas já estão bem consolidadas, claras e facilmente evocáveis, o paciente tende a repetir histórias antigas, às vezes com uma riqueza impressionante de detalhes. Isso denota carência de novas vivências, desapego defensivo do tempo presente e necessidade de recorrer a memórias remotas, anteriores ao início da doença.

8. **Perda da independência e da segurança.** Um aspecto importante na avaliação de uma queixa de memória é quando a pessoa está perdendo sua independência, autonomia ou segurança. Esse é um sinal evidente de que a magnitude do problema já ultrapassou qualquer possibilidade de ser algo dentro da normalidade, seja em que idade for.

SINAIS DE ALARME PARA PROBLEMAS DE MEMÓRIA
1. Piora progressiva
2. Esquecimento de coisas importantes
3. Outros sintomas associados
4. Alterações de comportamento ou de personalidade
5. Idade avançada
6. Histórico familiar
7. Foco excessivo no passado
8. Perda da independência e da segurança

Existem várias doenças estruturais que levam ao esquecimento progressivo e exigem diagnóstico, sendo as mais importantes: Alzheimer, demência vascular, demência frontotemporal, demência por acúmulo de corpúsculos de Lewy, entre outras. Além de múltiplas doenças que podem mimetizar quadros demenciais e exigem intervenção médica, tais como: carência de vitamina B12, infecção pelo HIV, depressão grave, distúrbio de tireoide, hematoma subdural crônico etc.

Cada uma dessas doenças tem suas peculiaridades clínicas, seu diagnóstico específico e seu prognóstico. O intuito deste livro não é abordar minuciosamente doenças, mas, para não dizer que não falei das flores:

DOENÇAS ESTRUTURAIS QUE LEVAM À DEMÊNCIA
Doença de Alzheimer (DA)
Demência vascular (múltiplos AVCS)
Demência frontotemporal (DFT)
Demência por acúmulo de corpúsculos de Lewy
Encefalopatia traumática crônica (demência pugilística)
Traumatismo craniano grave (agudo)
Tumores cerebrais
Infecções cerebrais

A DOENÇA DE ALZHEIMER

Temor de grande parte das pessoas que desenvolvem lapsos de memória durante a vida, a doença de Alzheimer é neurodegenerativa, e ainda não tem cura nem uma medida preventiva 100% eficaz. Ela é muito mais comum após os 60 anos, sendo rara antes dessa idade (apesar de ser possível em formas geralmente genéticas). Aliás, a idade é o principal fator de risco para a doença de Alzheimer, pois a incidência vai aumentando bastante depois dos 60 anos. Por volta dos 80 anos, cerca de 40% das pessoas apresentam indícios de Alzheimer, em algum grau.

A dificuldade de fixar novas memórias (amnésia anterógrada) é o principal e mais precoce sintoma do Alzheimer, mas, na evolução da doença, surgem outros problemas, tais como dificuldade em se orientar espacial e temporalmente, reconhecer pessoas, fazer cálculos, raciocinar etc. No começo, o paciente mostra-se repetitivo, se esquece de dar recados importantes, não recorda onde colocou as coisas e por aí vai. No entanto, ele discursa bem sobre as memórias antigas já bem consolidadas, mantendo o foco e o interesse em um passado mais remoto. Com a progressão do quadro, até mesmo o gerenciamento de memórias antigas fica prejudicado.

O diagnóstico é clínico, pautado na avaliação de um especialista (um neurologista, geriatra ou psiquiatra). No começo, os exames podem se revelar absolutamente normais, inclusive a ressonância e os exames de sangue, que se prestam mais para afastar outras doenças que simulam o Alzheimer do que para confirmar essa hipótese em fases iniciais. Com a evolução, a alteração anatômica na ressonância pode ser mais evidente, com atrofia generalizada ou, mais especificamente, com atrofia na região responsável por fixar novas memórias (lobos temporais, região do hipocampo). Existem alguns exames úteis em casos mais difíceis, como a dosagem de proteínas específicas no líquor (Tau, fosfo-Tau e β-amiloide), o exame de SPECT (tomografia computadorizada por emissão de fóton único) e a PET (tomografia com emissão de pósitrons), que visualizam o funcionamento de algumas regiões cerebrais.

A doença de Alzheimer é a principal causa de demência na população (cerca de 70% dos casos). Acredita-se que existam atualmente mais de 30 milhões de portadores no mundo, sendo que a prevalência avança proporcionalmente ao aumento da expectativa de vida da população. Sua causa ainda não é conhecida, mas sabe-se que alguns fatores genéticos e ambientais influenciam sua manifestação, tais como longevidade, sexo (a incidência é levemente maior no sexo feminino), atividade intelectual, doenças clínicas descompensadas, traumas de crânio e obesidade, entre outros ainda não conhecidos. Apesar de não haver cura para a doença de Alzheimer, existe tratamento sintomático, que é tanto mais efetivo quanto antes for iniciado. Por isso, quanto mais rápido o especialista for consultado, melhor.

O cérebro de alguém com Alzheimer apresenta perda de neurônios e empobrecimento de conexões (sinapses). O processo patológico envolve acúmulo de proteínas com alterações dentro e fora das células (neurônios). Dentro delas, ocorre a formação de emaranhados neurofibrilares, levando à disfunção neuronal. Fora, ocorre a formação de placas senis, compostas de acúmulo patológico de proteína β-amiloide. Com o tempo, o cérebro sofre uma involução funcional e anatômica (atrofia). O processo é mais intenso na região do hipocampo (lobo temporal), importante para a memorização e consolidação de novas memórias, como já explorado anteriormente. Com a evolução do quadro, o cérebro todo é acometido e a dificuldade progressiva passa a comprometer os autocuidados e a alterar funções como locomoção, controle de urina, evacuação e até a função alimentar.

Não se trata de uma doença apenas individual; ela altera toda a dinâmica familiar, gerando empenho coletivo, abdicações, redirecionamento financeiro e muito desgaste emocional. O convívio com um portador pode ser marcado por muita frustração diante da inexorável desconstrução cognitiva. No entanto, preciso ressaltar que o quadro é de instalação lenta, podendo durar muitos anos, e é possível ter uma vida bastante proveitosa mesmo após o diagnóstico. Não se trata de uma sentença de morte. É necessário tirar o foco para o que o paciente perdeu e direcionar a atenção para o que está viável e funcionando bem, buscando ajustes compatíveis com cada fase da evolução. A pessoa não perde a capacidade de sentir prazer, interagir socialmente (por vezes com alguma adaptação), se emocionar, vivenciar coisas novas (por mais que as fixe com dificuldade), evocar momentos do passado, enfim. A vida segue e a busca da felicidade precisa seguir com ela. Os pacientes com melhor qualidade de vida pós-Alzheimer que eu acompanho são aqueles com famílias unidas e que levam as restrições impostas com bom humor, criatividade e leveza.

SITUAÇÕES ESPECIAIS

É muito frequente que distúrbios clínicos comuns gerem queixas de memória, tais como problemas de humor, alterações de sono, estresse excessivo, uso de medicamentos, entre outros. Na verdade, como a memorização é muito complexa, ela acaba sendo também muito suscetível a distorções quando algo na saúde não vai bem. Além dos problemas já abordados anteriormente, é interessante falar um pouco sobre outros distúrbios que podem justificar queixas de esquecimento.

Distúrbios da tireoide

Alguns distúrbios hormonais podem impactar diretamente a cognição. Desses, os mais importantes são os distúrbios tireoidianos. A glândula tireoide, quando doente, pode produzir hormônio de mais, em excesso (hipertireoidismo) ou produzir hormônio de menos (hipotireoidismo). Em ambos os casos, podem surgir problemas intelectuais em algum grau, geralmente leves e reversíveis, melhorando muito com o tratamento adequado.

Hipotireoidismo

O mais comum dos problemas tireoidianos é o hipotireoidismo. A redução do hormônio tireoidiano pode deixar o organismo mais lento, afetando a atenção, o raciocínio e a capacidade de memorização. Esses sintomas cognitivos são mais comuns em pessoas idosas, com uma reserva cerebral menor. Associado a isso, pessoas com esse problema podem manifestar ganho de peso, fadiga física e mental, alterações de pele, queda de cabelo, redução da frequência cardíaca e até inchaço. O diagnóstico é feito com exames de sangue (para medir a função tireoidiana).

A causa mais comum é a tireoidite de Hashimoto, uma doença autoimune comum, principalmente no sexo feminino. Mas existem outras causas, como pós-ressecção de tireoide e outras inflamações. O tratamento é feito com reposição do hormônio por via oral.

Hipertireoidismo

No caso do hipertireoidismo, o excesso de hormônio pode deixar a pessoa acelerada, ansiosa, irritada e muito desatenta. São comuns também: perda de peso, taquicardia, olhos saltados, tremores, transpiração etc. A dificuldade em manter o foco pode atrapalhar a memorização. O diagnóstico também é feito com exames de sangue e o tratamento pode ser à base de medicamentos, cirurgia e iodo, em casos selecionados.

As causas incluem a doença de Graves (tireoidite autoimune), além de tumores/nódulos produtores, bócio (aumento da glândula), entre outros. Com o tratamento adequado, os sintomas são geralmente bem controlados. Por vezes, o hipertireoidismo evolui, com o tempo, para um hipotireoidismo.

Nesses casos, uma reposição hormonal é feita quando a glândula reduz seu funcionamento.

Distúrbios dos hormônios sexuais

Além dos hormônios tireoidianos, podemos ter alterações cognitivas por oscilações (principalmente queda) dos hormônios sexuais. Na mulher, o principal deles é o estrógeno, estando a fase de queda relacionada ao período de menopausa (insuficiência ovariana, que ocorre por volta dos 50 anos). No homem, o hormônio sexual mais importante é a testosterona (um andrógeno), que pode apresentar um período de queda natural conhecido como andropausa.

Menopausa e outras fases de oscilação hormonal feminina

A menopausa é um fenômeno natural e universal, marcando o término do período reprodutivo feminino. É quando ocorre uma progressiva redução na produção de estrógenos pelos ovários, sendo um processo complexo que pode gerar sintomas diversos, a depender da paciente.

A menopausa é definida, tecnicamente, como a interrupção da menstruação (em contexto típico), sendo respeitado o período teórico de doze meses para evitar confundir o diagnóstico com irregularidades menstruais transitórias. A idade média da ocorrência da menopausa é por volta dos 50 anos, mas existe uma variabilidade grande dependendo da mulher, do histórico de vida e até de questões genéticas, como a idade da menopausa materna.

Muito mais importante que a definição técnica da menopausa é a fase entre o início da insuficiência ovariana e toda a adaptação causada pela privação hormonal, chamada de perimenopausa. Geralmente, mulheres a partir dos 45 anos exibem sintomas como redução da libido, secura vaginal, fogachos, tendência à depressão/ansiedade, alteração do sono, podendo também manifestar alguns sintomas cognitivos. Não é raro que mulheres nessa faixa etária, no contexto típico de perimenopausa, apresentem queixas de desatenção, esquecimentos, raciocínio mais lento e falta de criatividade. Nesses casos, muitos estudos já demonstraram alteração no desempenho cognitivo, mesmo que sutil.

Mas o problema é complexo. Existem vários fatores que geram confusão, como depressão (que é muito comum nessa fase da vida), crises de meia-idade, síndrome do ninho vazio (saída dos filhos de casa), distúrbios do sono (já sabemos que isso influencia diretamente na memória), falta de motivação (devido a rotinas estabelecidas no ritmo de vida). Essa é uma fase de elevada cobrança pessoal, absolutamente compreensível durante esse marco de envelhecimento.

Como você pode perceber, a causa dos problemas cognitivos é multifatorial e complexa. O cérebro feminino é dotado de receptores para estrógenos, e acredita-se que eles têm algum papel na cognição global, principalmente na função executiva (capacidade de levar a cabo algumas tarefas) e na concentração. No caso da privação hormonal progressiva, espera-se que ocorram mecanismos de ajustes com sintomas de adaptação, mais evidentes em algumas mulheres.

Usualmente, os transtornos cognitivos associados à menopausa não exigem tratamento medicamentoso. Quando necessário, existem algumas opções, que devem ser selecionadas caso a caso, tais como: reposição hormonal, uso de antidepressivos e, em casos muito peculiares, administração de medicamentos específicos para atenção ou esquecimento. A decisão deve levar em conta a intensidade dos sintomas, o contexto, o risco de neoplasias ginecológicas (câncer) no caso de reposição hormonal, o risco de trombose, além das causas multifatoriais do problema cognitivo.

Seja como for, é sempre recomendado o tratamento (isolado ou associado) não medicamentoso, com mudanças de estilo de vida, atividades físicas, boa alimentação, sono adequado, atividades mentais, controle do estresse etc.

É interessante notar que outras fases com francas alterações hormonais femininas, como a gestação e o período pós-parto (puerpério), também podem se associar a uma taxa maior de distração, falta de concentração e esquecimentos eventuais. Essas são fases complicadas, com alteração do ritmo de vida, do humor e do sono, assim como na menopausa. Novamente, temos um quadro sutil e transitório, sendo mais evidente em algumas mulheres do que em outras.

O conhecimento da relação entre variações hormonais e alterações cognitivas é extremamente importante até para reduzir o conceito geral de que as queixas intelectuais menos objetivas são sempre fruto de problemas estritamente psicológicos ou são uma tentativa de chamar a atenção, o que só eleva o preconceito e não resolve a situação clínica de ninguém.

Recomendo sempre buscar ajuda especializada, idealmente com ação conjunta do médico ginecologista e do neurologista, se os sintomas cognitivos forem exuberantes.

Andropausa

A andropausa é a queda sintomática do hormônio sexual masculino, mas nem todos os homens apresentam essa fase de forma intensa. Na verdade, acredita-se que cerca de ⅓ deles manifeste queda evidente após os 50 anos, acompanhada ou não de sintomas relacionados. A testosterona, quando muito baixa, pode causar fadiga física e mental, indisposição, depressão, baixa libido, disfunção erétil, distúrbios de sono e sintomas intelectuais leves compatíveis com falta de motivação, desatenção e, eventualmente, esquecimentos. O diagnóstico é feito mediante dosagem do hormônio no sangue. O tratamento é à base de reposição hormonal (em casos bem selecionados) ou de antidepressivos – claro que sempre associado a medidas comportamentais já intensamente abordadas nesta publicação.

Alimentação e memória

Muitas pessoas questionam a influência da alimentação na memória e se o uso de vitaminas pode ajudar. Vamos discutir brevemente sobre isso.

Poucos itens são mais importantes para a saúde de um indivíduo do que a sua alimentação, pois afinal *somos o que comemos*. Todo organismo vivo, de qualquer idade, sexo ou cultura estará mais saudável com uma alimentação mais equilibrada. Comer mal gera uma sucessão de eventos que culminam em doenças, redução da longevidade e baixo desempenho físico e cognitivo.

Se você espera viver com mais qualidade (inclusive cerebral) e não sabe por onde começar, comece fazendo alterações em sua alimentação. O cérebro é o órgão mais complexo e exigente do corpo humano, trabalhando de forma ininterrupta mesmo quando dormimos. Além do básico, oxigênio e glicose, ele precisa receber boas fontes de proteínas, gorduras e vitaminas. Também é fundamental evitar exposições tóxicas, seja para o tecido cerebral diretamente, seja para os vasos que fazem a nutrição cerebral.

Algumas questões alimentares cobram seu preço no longo prazo, e podem até se tornar um inimigo silencioso da saúde cerebral. Do ponto de vista prático, algumas recomendações são bastante válidas.

1. **Coma de forma fracionada.** Essa é uma dica importante. Prefira porções mais leves e frequentes, a cada três ou quatro horas. Com isso, você fará escolhas alimentares melhores e evitará eventuais excessos calóricos. Comer muito dificulta a função cognitiva de forma transitória. Quem já tentou trabalhar ou estudar após comer uma feijoada sabe do que estou falando. Isso ocorre porque o excesso alimentar direciona o fluxo de sangue para a digestão e aumenta a secreção de ácido no estômago, gerando uma alcalose (pH ligeiramente mais alto) no sangue e dando um baita sono. Após um consumo calórico excessivo e uma dieta pesada, o cérebro fica disperso e pouco criativo. Opte por porções fragmentadas e de mais fácil digestão.

2. **Ingira água suficiente.** Isso vale principalmente para os dias de calor e para pessoas que ficam tão concentradas no trabalho que se esquecem de beber água. A desidratação,

mesmo que leve, pode atrapalhar o desempenho cerebral, especialmente em pessoas mais idosas. Mantenha uma garrafinha sempre com você e ingira pequenas porções de líquidos sempre que possível.

3. **Priorize o consumo de carboidratos integrais.** Fontes integrais apresentam uma liberação mais lenta e programada de glicose (um melhor índice glicêmico), evitando picos e quedas na oferta, dando uma sensação maior de saciedade e mantendo você sem fome por mais tempo. A substituição de arroz, pães e massas comuns por fontes integrais é uma medida de fácil execução e causa um impacto positivo na saúde como um todo, inclusive no controle de peso.

4. **Obtenha boas fontes de gordura e proteína.** Reduza o consumo de gordura saturada (fonte animal) e interrompa o consumo de gordura trans (a mais perigosa para o organismo), encontrada em alimentos industrializados e guloseimas. O cérebro até precisa de lipídios, mas a melhor forma de obtê-los é através de fontes vegetais (gorduras monoinsaturadas ou poli-insaturadas), como a gordura do azeite, das sementes, castanhas e outras oleaginosas, dos peixes de água profunda, dos vegetais etc.

    Muito se fala de alimentos ricos em ômegas 3, 6 e 9, que realmente se mostram adequados para quem busca uma boa saúde cerebral (apesar da reposição por cápsulas ainda ser uma medida preventiva controversa em níveis populacionais). Reduza o consumo de carne vermelha, preferindo carne branca, mais magra (peixe e frango).

O risco de ingerir fontes inadequadas de gordura é o adoecimento dos vasos sanguíneos, como ocorre na aterosclerose, que pode levar ao comprometimento da perfusão cerebral e até a microisquemias (pequenos AVCs), que podem, ao longo de anos ou décadas, levar a quadros de piora da função cognitiva, principalmente em pessoas predispostas geneticamente.

5. **Consuma vitaminas e minerais.** É importante priorizar a ingestão de alimentos ricos em vitaminas (principalmente as do complexo B, no caso da memória) e de alimentos com um bom perfil nutricional. Hoje em dia, são raros os quadros de grave hipovitaminose (falta de alguma vitamina específica), salvo a vitamina D, da qual muita gente tem carência devido à reduzida exposição solar, por isso não considero correto o uso indiscriminado de polivitamínicos, uma febre nos tempos atuais. Acho que você encontrará fontes melhores no supermercado do que no balcão da farmácia.

De qualquer forma, é importante uma dieta composta com variedade e bom senso, que inclua frutas, legumes, cereais, fibras, carboidratos e gorduras "boas". Além de vitaminas, são importantes minerais, oligoelementos, antioxidantes e cofatores como magnésio, cálcio, ácido fólico, selênio, zinco, polifenóis, entre outros. Pacientes desnutridos, doentes crônicos, alcoólatras e vegetarianos radicais têm um risco maior de apresentar problemas relacionados à falta eventual de vitaminas e outros nutrientes, devendo ser avaliados, preventivamente ou terapeuticamente, por profissionais habilitados (nutricionistas ou nutrólogos).

6. **Não exagere no glúten e na lactose.** Existem evidências de que o consumo dessas substâncias compromete em algum grau a saúde apenas de quem é intolerante. Atualmente, está em voga certo terrorismo nutricional, que dita que algumas substâncias são inimigas implacáveis e que devem ser banidas a todo custo. Não considero, à luz dos conhecimentos atuais, que o glúten e a lactose devam ser evitados de forma radical por aqueles que não apresentam evidências clínicas de intolerância a eles. Porém, isso não significa que sua ingestão deva ser exagerada, uma vez que se associa a outros problemas como controle de peso, controle de diabetes e dislipidemia, entre outros. Nesses casos, uma orientação nutricional personalizada é bem-vinda.

RECOMENDAÇÕES NUTRICIONAIS
1. Coma de forma fracionada
2. Ingira água suficiente
3. Priorize o consumo de carboidratos integrais
4. Obtenha boas fontes de gordura e proteína
5. Consuma vitaminas e minerais
6. Não exagere no glúten e na lactose

DIETA MEDITERRÂNEA

Existe uma famosa dieta oriunda da cultura gastronômica dos países do Mediterrâneo (Itália, Espanha, Grécia etc.) Trata-se de medidas alimentares relativamente simples ligadas à longevidade, prevenção de eventos cardiovasculares, prevenção de neoplasias (câncer) e manutenção de boa saúde cerebral. É um cardápio rico em frutas, hortaliças (verduras e legumes), cereais, leguminosas (grão-de-bico, lentilha), oleaginosas (amêndoas, azeitonas, castanhas, nozes), peixes, leite e derivados (iogurte, queijos), vinho (principalmente tinto), azeite e grande variedade de ervas. Além disso, é marcada por baixo consumo de carnes vermelhas, gordura animal, produtos industrializados, doces e alimentos ricos em açúcar.

Acredita-se que a alta taxa de ômega 3, outras gorduras mono e poli-insaturadas, vitaminas e nutrientes (como o selênio e o cálcio), antioxidantes, além de polifenóis (como o famoso resveratrol do vinho tinto), sejam os responsáveis pelo seu bom resultado a longo prazo. A retirada de alimentos industrializados e a baixa ingestão de gordura animal e açúcares (principalmente refinado) também parecem ser bastante benéficas.

Mas o impacto dessa dieta é ainda maior se associada a atividades físicas, boas noites de sono, controle de peso, redução de estresse e distância do tabagismo. O benefício pode ser visualizado (em algum grau) já a curto prazo (semanas), mas, certamente, é mais intenso após meses e anos de comprometimento com a saúde cerebral.

Com bons hábitos físicos e intelectuais, conseguimos reduzir em 25% o risco individual de desenvolvermos Alzheimer. Parece pouco, mas é uma enormidade para medidas comportamentais. A busca da longevidade com qualidade de vida exige intervenções com escolha de hábitos saudáveis; quanto mais precoces forem instalados, melhores serão os resultados.

O impacto da atividade física

Qualquer orientação sobre qualidade de vida e prevenção de doenças passará necessariamente por atividade física regular. Com relação ao rendimento cerebral, não será diferente. Diversos estudos sobre a atividade regular como medida antienvelhecimento mostraram impacto positivo, tanto na função cognitiva em si como na progressão anatômica involutiva (atrofia e lesões vasculares) comumente vista em idades mais avançadas.

As razões pelas quais a atividade física influi no rendimento mental são múltiplas e complementares, e algumas ainda não são completamente conhecidas pela ciência. É interessante notar que os efeitos são percebidos em curto, médio e longo prazos, sinalizando eventos positivos agudos e cumulativos. A expressão "Corpo são, mente sã" nunca foi tão verdadeira.

De forma muito rápida, a atividade física (principalmente aeróbica) gera um contexto hormonal e metabólico favorável à cognição. Quando nos exercitamos, liberamos endorfinas, dopamina e serotonina, e sentimos um bem-estar subjetivo que é bastante propício à criatividade, ao raciocínio, à concentração e à memória. Além do efeito contextual direto, a atividade física também proporciona melhor controle do estresse e da ansiedade, melhora na motivação e na minimização de sintomas depressivos e melancólicos. Isso justifica a indicação de atividades predominantemente matinais, ajudando a ativar o corpo e o cérebro a fim de colher os frutos ainda naquele dia.

A médio prazo, estão o melhor ajuste do sono e o controle de uma série de patologias que repercutem negativamente na saúde cerebral, tais como: obesidade, diabetes, distúrbios do colesterol e triglicérides, aterosclerose (placas de gordura nas artérias), hipertensão arterial sistêmica, entre outras. Essas doenças levam a pequenas alterações na irrigação cerebral ao longo dos anos. Proteger o cérebro de microisquemias é preservá-lo da senilidade precoce e protegê-lo contra doenças neurodegenerativas (tal qual a doença de Alzheimer).

Além de todos os benefícios citados acima, diversas pesquisas apontam que a atividade física tem um efeito protetor direto, agindo contra a morte dos neurônios e liberando substâncias neurotróficas capazes de estimular o desenvolvimento e a integração de redes neuronais. Sendo assim, exercitar-se pode ser uma arma preciosa – tanto na manutenção da jovialidade cerebral como na expansão de sua capacidade intelectual.

Um recente estudo prospectivo observacional, realizado pela Universidade de Boston e publicado na revista *Neurology* em 2016, apontou uma tendência menor à atrofia em um grupo que havia optado pela atividade física, frente a um grupo que optou pelo sedentarismo. A escolha entre sedentários e fisicamente ativos foi feita aos 40 anos, e as pessoas foram acompanhadas por cerca de 20 anos. Esse estudo sugere que fazer exercícios regulares pode levar a frutos que serão colhidos décadas depois, como redução do envelhecimento cerebral, maior resistência à atrofia natural e, eventualmente, maior combatividade a doenças demenciais. Claro que existem outras variáveis ocultas, pois quem opta por praticar atividades físicas está optando por uma vida com hábitos saudáveis, e geralmente se alimenta melhor, busca atendimento médico preventivo, evita vícios (como o cigarro, por exemplo) etc.

As recomendações neurológicas com relação aos exercícios são: começar o quanto antes, manter regularidade, fazer exercícios predominantemente aeróbicos, preferencialmente ao ar livre e que levem prazer ao praticante.

O controle do estresse

Veja que não utilizo "*evite* o estresse", até porque não acredito que seja possível nem que seja preciso evitar o estresse a qualquer custo. Na verdade, estresse não é algo necessariamente ruim como muitos pensam, mas uma condição mental alternativa, um modo de funcionamento diante de uma problemática com tom de urgência. Ativamos o "modo cerebral estressado" (uma espécie de "turbo") quando estamos diante de desafios, quando precisamos de empenho físico e/ou cognitivo rápidos frente a uma situação descrita classicamente como "luta ou fuga".

O exemplo dramático e tradicional dessa situação é quando um ser humano, andando tranquilamente por uma savana africana, se depara com um grande felino carnívoro, como um tigre, por exemplo. Mediado pela adrenalina e pelo cortisol, sua pupila dilata, o olhar fica arregalado, o coração dispara, a pressão arterial aumenta, a pele fica pálida, os pelos eriçados, surge um frio na espinha... ou ele entra em confronto físico (luta) ou corre como nunca correu antes (fuga). Cada uma dessas reações tem uma razão fisiológica de ser. Abrir as pupilas amplia nossa visão do todo, mesmo que percamos a percepção de detalhes; o coração acelerado faz o sangue circular mais rapidamente; a pele fica pálida porque a circulação precisa ser redirecionada para órgãos que participam da tomada imediata de decisões, como cérebro e músculos. Sabe que até os pelos eriçados têm uma explicação? Alguns estudiosos acreditam que grandes primatas eriçam seus pelos para parecerem maiores e mais ameaçadores frente a um potencial predador. Curioso, não?

Bom, se o cérebro recebe mais sangue, isso parece ótimo para a gente, certo? Errado. Esse sangue é direcionado para áreas de solução imediata, ou seja, nada de ponderações, tranquilidade, soluções criativas, análise minuciosa de riscos e benefícios etc. Temos segundos ou milésimos de segundo para agir. Fique lá pensando se vai para a esquerda ou para a direita e pronto! Já virou comida de tigre. Nessa hora, a decisão é impulsiva, emocional, do tipo tudo ou nada. Em situações extremas, ficamos fortes, rápidos, decididos – mas nem sempre inteligentes, algo muito compreensível, já que inteligência demanda tempo. Essa fase de estresse intenso nos cansa rapidamente, tanto física como mentalmente. Do ponto de vista cognitivo, temos um hiperfoco: abdicamos de outros pensamentos e direcionamos toda a nossa *performance* para determinado problema.

É interessante notar que esse pacote é padronizado e ainda muito presente na nossa sociedade atual. Mesmo sem muitos felinos selvagens à solta, nosso cérebro mantém o alarme de risco, podendo disparar a qualquer momento a cascata de fenômenos que compõem a resposta ao estresse. Seja durante um assalto, seja numa montanha-russa, diante do primeiro beijo ou no começo da prova de vestibular, nossa adaptação é relativamente parecida, sempre preparando o organismo para a necessidade de tomar uma decisão rápida. Não existe conquista sem estresse. Situações extremas exigem medidas extremas. Sem a ativação do sistema de estresse, você dificilmente ativará o sistema de recompensa cerebral. Perceba que as situações mais prazerosas sempre se seguem a momentos intensos. Por isso, o estresse não só é necessário para a nossa sobrevivência (para a elevação direcionada da *performance* em determinados contextos), mas também é nossa chance de provar um sopro agudo de felicidade.

Como disse acima, o estresse não é necessariamente ruim. Nós até buscamos situações estressantes de vez em quando, como quando queremos levar uns sustos no cinema ou quando buscamos propositalmente esportes radicais. O problema não está na resposta ao estresse, mas no seu limiar de ocorrência, na sua intensidade e, principalmente, na sua duração.

Entrar nesse modo mais tenso deveria ser algo eventual, ocorrendo em situações específicas e sendo direcionado, proporcional e finito. O estresse patológico surge quando o fenômeno fica desproporcional e crônico. Trata-se de um modo insustentável no médio e no longo prazos, pois é desgastante para o organismo, seja no aspecto físico, seja no aspecto emocional. O estresse contínuo leva a um intenso gasto de energia, fadiga, irritabilidade, intolerância, dificuldade de relaxar e baixo rendimento intelectual.

Muita gente vive em uma montanha-russa sem fim e passa longos períodos submetendo-se a pressões de todos os lados, fazendo ajustes sem mudar definitivamente seu ritmo de vida e abrindo as portas para inúmeras doenças.

Em uma vida saudável, o estresse é só um detalhe, não o pano de fundo. Vejo-o como um pintor vê a cor vermelha: ela é intensa, fascinante, bela, viva, muito boa para realces, compondo elegantemente uma construção de imagem. Só que muitas pessoas derrubam um balde de tinta vermelha na tela de sua vida.

Muito estresse é muito vermelho: nada mais consegue se destacar, pois ele cobre pequenos e eventuais prazeres paralelos. Outra analogia pode ser feita com um tempero forte: colocá-lo no lugar certo, do jeito certo e na quantidade certa pode criar efeitos e sensações fantásticas, mas errar a mão certamente destruirá qualquer tentativa de reconhecer outros sabores e transformará a experiência em um processo desagradável e excessivo.

Não recomendo eliminar os temperos nem pintar sem vermelho. O estresse é o substrato do prazer, do empenho integral e da condução das urgências. Sua ocorrência traz o sentido de que a vida precisa para ser emocionante. Somos eternos caçadores de estresse. No entanto, sua própria existência e sua viabilidade exigem sua eventual ausência. Precisamos desenvolver formas constantes de contenção, de percepção de prazeres mais sutis e de manutenção de válvulas de escape, para não sermos dominados por esse sistema alternativo de rendimento.

O estresse excessivo nos deixa desatentos, uma vez que gera hiperfoco em problemas específicos, induz pensamentos recorrentes e intrusivos, leva à tendência de amplificação da percepção de risco, perturba nossa capacidade de nos colocar no lugar do outro e limita muito o pensamento reflexivo. Boa parte das queixas cotidianas de evocação, fixação e gerenciamento de informação são decorrentes de desarranjo da expressão de sistemas relacionados ao estresse. Somos dominados aos poucos e, quando percebemos, já grudamos um estressor no seguinte e não temos mais momentos de recuperação.

O contexto gerado pela adrenalina e pelo cortisol, substâncias liberadas no sangue pelas glândulas adrenais, gera boa parte dos aspectos benéficos desse aporte emergencial (estresse bem-vindo).

Agora, o excesso arrastado desses hormônios gera também alterações potencialmente preocupantes, como insônia, elevação da pressão arterial, descontrole de diabetes, aumento de colesterol ruim e triglicérides, redução da imunidade, risco maior de obesidade e problemas sexuais, entre outros.

Controlar o estresse cotidiano talvez seja a mais complicada ação da existência humana nos tempos atuais. Somos fruto de cobranças, papéis e expectativas. Por isso, acredito que uma intervenção consciente seja absolutamente imperativa e necessária.

1. **Reconheça sinais de estresse.** Muita gente percebe que passou do limite tarde demais, ao apresentar alguma complicação de saúde ou ao tomar atitudes que geram profundas implicações negativas, nem sempre remediáveis. Recomendo que você reflita, de tempos em tempos, acerca dos sinais no seu corpo e em sua mente de que algo não anda bem. Entre os primeiros sinais estão a impaciência e a irritabilidade. O cérebro estressado funciona como um elástico bem esticado: está à flor da pele, responde com uma força desmedida, impulsiva e emocional. O pensamento fica incessantemente aprisionado nos problemas e você tem dificuldade em relaxar e aproveitar as pequenas vivências corriqueiras. Dores musculares, tonturas, dificuldade em pegar no sono ou em mantê-lo, problemas de estômago, intestino ou pele, queda de cabelo e fadiga contínua são sintomas comumente descritos por pessoas estressadas demais. Reflita, ao final do dia, sobre seu humor, repense suas atitudes diante de alguns eventos-chaves do cotidiano. Se apresentar arrependimento ou

frustração, ou considerar que podia ter agido com mais tranquilidade, é sinal de que você pode estar gerenciando mal seu estresse.

2. **Estabeleça limites.** Muitas vezes, acreditamos poder suportar mais um pouquinho, gerando um comprometimento progressivo com atividades amplificadoras de estresse. Absorvemos funções, esprememos o tempo e buscamos sempre produzir mais. "Vou aguardar mais seis meses, um ano, depois eu mudo de vida. Depois eu durmo, volto a treinar, me dedico à dieta, invisto nos relacionamentos pessoais. Agora, vou me afundar mais um pouquinho no que me estressa." A verdade é que "amanhã" é um dia pior que "hoje", em qualquer programação, principalmente quando o assunto é mudança de hábito e gerenciamento de tempo. O futuro é um momento de engajamento potencial, não real, pois ele pode não chegar nunca, encapando você a cada aproximação. Você precisa fazer muitas de suas escolhas no tempo presente, valorizar o agora. Muita gente enxerga o "hoje" apenas como o passado de amanhã, uma fase de preparação. Prefiro enxergar o "hoje" como o futuro de ontem, um dia de realizações, esperado há muito tempo. Essa é uma questão semântica que pode mudar alguns de seus paradigmas e minimizar a procrastinação na hora de tomar decisões.

Seus limites precisam ser claros e respeitados. Por exemplo: não trabalharei no domingo, após as 18 horas vou cuidar de mim, vou tirar férias todos os anos, vou recusar trabalho excessivo, vou reservar uma hora para o meu almoço etc.

3. **Crie válvulas de escape recorrentes.** Muitas atividades podem funcionar como redutoras de estresse. Seu cérebro merece, de forma regular e frequente, ter momentos de relaxamento, envolvimento social, engajamento lúdico, se desconectando um pouco das obrigações relacionadas ao trabalho e aos estudos. Se você não consegue fechar a torneira que está enchendo o balde, faça pelo menos um furo, de modo que a água escape de tempos em tempos, evitando o transbordamento.

4. **Seja resiliente.** A resiliência é uma propriedade física de qualquer material. Trata-se da capacidade de suportar determinada pressão, se modificar e retornar a sua forma inicial. Muitas pessoas confundem resiliência com resistência pura e simples ou grau de dureza. Na verdade, a resiliência tem mais a ver com elasticidade do que com firmeza. Ser resiliente é absorver a pressão do ambiente, promover ajustes estruturais, armazenar a energia recebida e, no momento adequado, se restabelecer, retornando à forma padrão. Por exemplo, uma viga de ferro é dura e resistente; no entanto, uma força capaz de entortá-la promove uma alteração estrutural fixa, de difícil reversão. Uma folha de madeira resiste a algum ajuste, mas uma hora pode se partir e nunca mais será a mesma. Cada material tem sua resiliência, apresentando uma reação peculiar diante de pressões externas. Pense em uma folha de papel sulfite. Sua fragilidade torna muito fácil amassá-la sem ser preciso fazer uma grande força. Pior que isso: uma vez amassada, ela fica toda marcada, cheia de cicatrizes, ainda mais fragilizada

e mais suscetível a modificações. Essa folha é o exemplo de algo muito pouco resiliente.

Nossa mente também apresenta resiliência. Algumas pessoas não lidam bem com pressões, perdas e estressores internos e externos. Quando estão frente a um desafio, se modificam e nunca mais voltam a ser como antes. Elas são frágeis, sensíveis à frustração, não reagem bem à recusa e ao insucesso, se vitimizam e amplificam o próprio sofrimento. São como folhas de papel.

No entanto, existem pessoas mais resilientes. A mente delas apresenta uma capacidade maior de se preservar estruturalmente diante das pressões. Elas podem até se transformar, mas o fazem de forma transitória e adaptativa, acumulando energia para retornar à sua condição anterior. São como molas.

Uma boa mola é um exemplo de algo resiliente. A pressão a transforma de modo sutil e funcional; quanto maior a pressão, mais ela se encolhe. Mas ela não deixa essa pressão romper sua estrutura básica, não quebra. A energia imposta a ela de forma mecânica é convertida em energia elástica, auxiliando na resistência e ameaçando devolver na mesma moeda a pressão que lhe foi conferida.

Não existe nada no mundo 100% resiliente. Tudo pode, em algum grau e de alguma forma, ser transformado por forças externas que atuam sobre a sua estrutura. Mas convenhamos em que uma folha de papel e uma boa mola apresentam tolerabilidades muito diferentes frente a forças que incidam sobre sua estrutura.

Diferentemente do que ocorre no ramo da física de materiais, a resiliência mental não é estanque e fixa. Uma mente pode aprender a ser mais resiliente. Deve trabalhar com expectativas, lidar com fracassos, aprender a levantar tantas e tantas vezes quantas for necessário, fazendo-o de forma corajosa e com disposição semelhante à primeira vez. Fortalecer sua mente é torná-la verdadeiramente mais resiliente, pois nenhuma esquiva é perfeita. Mesmo o melhor dos boxeadores levará alguns golpes de vez em quando.

Estamos chegando à reta final deste livro, como você já deve ter percebido. Mas, antes de deixar minhas considerações finais sobre os processos que trabalhamos nesta obra, gostaria de falar um pouquinho sobre autoconhecimento.

O conhecimento de si

Conhecer e aconselhar a si mesmo não é tarefa fácil, pois temos uma visão um pouco deturpada acerca de nossa própria psicologia, nossos potenciais e nossas vulnerabilidades. Somos melhores avaliando o outro, olhando de fora, dando conselhos, apontando imperfeições e reconhecendo talentos de pessoas que nos cercam.

Isso não deveria e não poderia ser assim. Vivemos conosco o tempo todo, em uma relação muito íntima; ninguém deveria nos conhecer mais que nós mesmos. Aliás, deveríamos ser nossos melhores consultores, intervindo nas nossas atitudes e gerenciando nossa mente na busca incessante do amadurecimento pessoal. Gostamos de dizer: "Se eu fosse você, faria isso ou faria aquilo". Certa vez, entrei em contato com um pequeno conto da Clarice Lispector que dizia: "E se eu fosse eu..." (leia, aliás, se tiver oportunidade). Aqui temos uma clara referência a esse conceito de olhar a si partindo de fora. Ora, se somos bons para analisar os outros (ou pelo menos acreditamos que somos) e somos ruins para nos autoavaliar, assim de dentro, que tal olhar de fora? Pergunte-se: "E se eu fosse eu?" Como você agiria? Você automaticamente vai se colocar como crítico, antes de criticado, e esse é o espírito da coisa. Gostamos do papel de crítico, mas odiamos o de criticado. Ao menor sinal de uma crítica, lá vamos nós logo nos defendendo e perdendo a excelente chance de melhorar determinado aspecto.

Toda transformação passa pela crítica, pela humilde certeza da constante necessidade de reparo. Se amanhã acordarmos iguais ou piores que hoje, será mais um dia perdido de nossa vida.

CONSIDERAÇÕES FINAIS

Neste livro, passeamos de forma sequencial e estruturada pelo processo de memorização, entre outros aspectos da cognição humana. Como você pôde perceber, trata-se de uma árdua e crítica função cerebral. O menor sinal de oscilação é capaz de reduzir nosso rendimento global, nos colocar em situações embaraçosas e trazer preocupações pertinentes às nossas faculdades mentais.

Esse passeio demonstra que não basta querer, é necessário fazer por merecer uma memória eficiente, pois nem todos nasceram com talento específico nessa área da cognição. Oscilações do dia a dia, sobrecargas, cansaço mental, perturbações emocionais e até falta de treinamento podem alterar, de maneira brutal, a capacidade inata do cérebro de fixar, organizar e evocar com a maestria que se espera dele.

O primeiro passo é cuidar dos hábitos. Hábitos saudáveis levam a um cérebro saudável, simples assim. Além disso, é fundamental desligar o piloto automático. Conseguimos ajudar (e muito) nosso cérebro quando não deixamos tudo ao bel-prazer das circunstâncias e do acaso. Nosso sistema de triagem de informações é efetivo, mas tem seu limite. Se ajudarmos nosso cérebro no destaque e no ancoramento da vivência relevante, desenvolveremos um sistema mais hábil e eficiente, que nos ajudará em situações corriqueiras e quando a memória for testada ao extremo.

Quando falo de testar a memória ao extremo, estou falando de fases da vida em que colocamos nosso cérebro definitivamente à prova, como em concursos, vestibulares, testes, demonstrações públicas de conhecimento etc. Impomos a ele uma quantidade brutal de informações e precisamos acessá-las de forma límpida, rápida e com baixíssima taxa de erro. Para ajudar o seu cérebro a desligar o piloto automático, você pode mudar ambientes, formas de exposição, gerenciar o tempo de confronto entre o cérebro e a vivência e criar regras mentais de consolidação, independentemente da complexidade da situação.

Memória perfeita não existe. O sistema sempre apresentará falhas aqui e ali. Uma meta viável e realista visa a oscilar na parte superior da sua capacidade intelectual, fazendo as coisas com calma, tranquilidade e capricho. Ao se confrontar com algo relevante, avise seu cérebro, converta a informação em outra modalidade sensorial, amplifique, repita, destaque do contexto. Chamou a atenção do cérebro? Então parta para técnicas de organização da informação, delimite gavetas, conceitos, associe as coisas por similaridade. Encontre na informação a ser memorizada aquilo que a torna única, diferenciada, especial.

O cérebro precisa de um empurrãozinho, de um esforço consciente, mesmo que bem simples. Aliás, quanto mais simples melhor. A informação enxuta (o poder de síntese) e certeira não ocupa muito espaço. A regra mnemônica deve ser evidente, como pintar com cores vivas, cômicas ou bizarras. Quanto mais anedótico e esquisito, melhor.

É preciso dar importância ao fator tempo. Atualmente, pecamos pelos nossos contatos efêmeros. Nosso cérebro é rápido, mas nem tanto. Quanto mais tempo, melhor será a resposta (efeito GPS).

Sempre queremos fazer o maior número de coisas ao mesmo tempo, e acabamos baixando a qualidade mental de envolvimento (*multitasking*). Se dermos tempo e auxílio e entrarmos engajados, motivados e sem competir com outras atividades, o resultado será bem melhor. Por isso, pessoas ansiosas e impulsivas perdem muitas oportunidades e fazem coisas que, se tivessem alguns segundos a mais para raciocinar, não fariam.

Bom, mas além de cuidar da vivência e da exposição, é fundamental entrar na atividade cognitiva com um cérebro afiado. Ou seja, com um cérebro saudável física e emocionalmente. Se estiver envolvido, ele compreende conscientemente a importância de memorizar determinado assunto. Dessa forma, é interessante buscar as verdadeiras razões nas realizações cognitivas; fazer por fazer é perder uma preciosa oportunidade de fazer corretamente e de uma vez só.

A questão final é treinar o cérebro para memorizar. Ficar reclamando de uma memória ruim e não fazer nada sobre isso é como reclamar do tamanho da barriga e não começar a fazer exercícios. O cérebro sempre pode render mais se estiver acostumado com a triagem da informação, a esquiva de ruídos (informações irrelevantes), a atribuição de importância, a gênese de encadeamento da informação e a memorização ancorada para evocação posterior (mnemônica). A função final, aliás, não é apenas fixar, e sim evocar rapidamente, mesmo após um período razoável de tempo. Isso não é nada fácil; são milhões de informações que precisam aflorar no contexto adequado, devendo estar profundamente fixadas e alicerçadas a gatilhos sensoriais, pensamentos e emoções.

A melhora se faz de dentro para fora, com comprometimento e empenho. Não existe uma pílula mágica, um composto químico que seja capaz de, isoladamente, propiciar uma memorização mais eficaz. Claro que na internet e no balcão das farmácias não faltarão produtos que prometem ampliar a capacidade cerebral, mas muito pouco pode ser verificado além do efeito placebo (que é sentir-se melhor por acreditar em determinada conduta).

A conquista de uma mente mais confiável exige reeducação cognitiva e trabalho árduo de reequilíbrio, assim como emagrecer com saúde exige mudanças contundentes de hábitos alimentares e físicos – com abdicações, paciência e metas realistas.

Espero que este livro tenha sido útil para melhorar sua concepção sobre alguns aspectos cruciais da cognição humana, que você tenha ampliado seu arsenal resolutivo frente às oscilações do dia a dia e que tenha se capacitado a promover os próximos passos em busca da incessante luta pelo equilíbrio intelectual e emocional. Foi um imenso prazer escrever esta obra. Espero que tenhamos novas oportunidades para debatermos esse e outros temas relevantes no espectro da neurologia de cotidiano.

AGRADECIMENTOS

Não vejo a manifestação de gratidão como uma virtude, mas como uma necessidade, uma oportunidade de quitar uma pequena parcela de uma enorme dívida moral. E esse tipo de dívida não se paga de uma hora para a outra, nem de outra forma que não seja pelo afeto, pelo reconhecimento e pela reciprocidade.

Este livro valeu-se do esforço, da paciência e do engajamento de uma série de pessoas. Reservo este espaço para deixar meu singelo e profundo agradecimento a algumas delas.

À minha mãe, Maria Lúcia Dias Teles, uma guerreira, que me deu a vida e com ela uma oportunidade.

Ao meu pai, Wilson Teles (*in memoriam*), meu principal guia.

À minha esposa, Carina Aires da Cunha, a parceira perfeita, minha melhor companhia, que me ajudou diretamente na concepção, realização e revisão desta obra.

À minha filha querida, Luiza Cunha Teles, minha aula prática e diária de amor.

Aos meus pacientes, que me fizeram médico.

Aos meus admiradores e seguidores, pois criaram esse monstro que acha que pode escrever um livro.

Aos meus mestres e professores, pelo saber, pelo olhar e pelos exemplos.

Aos meus alunos, que me emprestaram seus ouvidos e sua juventude.

Aos meus irmãos, Evandro Teles e Janaina Teles, pelo apoio de sempre.

À minha secretária, Débora Brustolin, meu braço direito.

À minha assessora de imprensa, Mayra Barreto, que me aproximou de uma editora, além de auxiliar na revisão e na divulgação deste material.

Às minhas editoras, Ibraíma Dafonte Tavares e Marina Constantino, que, ao conhecerem meu projeto, me deram um voto de confiança, um direcionamento e um prazo.

Por fim, agradeço a você, que atravessou a capa deste livro e chegou até esta linha, pois não existe escritor sem leitor.

Obrigado a *todos*!

SOBRE O AUTOR

Leandro Teles é médico neurologista. Formou-se em 2006 pela Faculdade de Medicina da Universidade de São Paulo (FMUSP). Especializou-se em neurologia clínica no Hospital das Clínicas (HCFMUSP), titulando-se como especialista em 2009. Atuou como médico preceptor do Departamento de Neurologia do HCFMUSP entre os anos de 2009 e 2011, tendo participado diretamente da formação de centenas de novos médicos. Ministrou várias aulas no curso de graduação, sendo homenageado pelos formandos em 2010. É membro efetivo da Academia Brasileira de Neurologia (ABN).

Conhecido por sua didática, descontração e linguagem simples, passou a ser consultor de inúmeros veículos de comunicação como revistas, blogues, jornais, programas de rádio e televisão, sempre versando sobre assuntos relacionados à neurologia e comportamento. É o responsável técnico pelo site www.leandroteles.com.br.

A obra *Antes que eu me esqueça* é seu primeiro livro.

- Neurologista Leandro Teles
- @neuroleandroteles
- Neurologista Leandro Teles
- contato@leandroteles.com.br

Acesse o QR Code
para conhecer outros
livros do autor.

Compartilhe a sua opinião
sobre este livro usando a hashtag
#AntesQueEuMeEsqueça
nas nossas redes sociais:

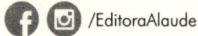

/EditoraAlaude
/AlaudeEditora